LA CRISE RELIGIEUSE

ET LES LEÇONS DE L'HISTOIRE

APPROBATION DE L'ORDRE

Fr Ant. VILLARD,
des Frères Prêcheurs,
Maître en théologie.

Fr D. SERTILLANGES,
des Frères Prêcheurs,
Docteur en théologie,
Professeur
à l'Institut catholique de Paris.

Imprimatur,

Fr Th. BOURGEOIS,
Provincial.

Le P. VINCENT MAUMUS

DOMINICAIN

LA CRISE
RELIGIEUSE

ET

LES LEÇONS DE L'HISTOIRE

PARIS

BIBLIOTHÈQUE-CHARPENTIER

EUGÈNE FASQUELLE, ÉDITEUR

11, RUE DE GRENELLE, 11

1902

LE P. VINCENT MAUMUS

DOMINICAIN

LA
CRISE RELIGIEUSE

ET LES

LEÇONS DE L'HISTOIRE

PARIS

BIBLIOTHÈQUE-CHARPENTIER

EUGÈNE FASQUELLE, ÉDITEUR

11, RUE DE GRENELLE, 11

1902

AVANT-PROPOS

La première fois que l'Église annonça au monde la rédemption opérée par le Christ, elle parla une langue que, malgré la diversité des races, comprirent les étrangers venus à Jérusalem, et depuis elle ne cesse d'inspirer à ses envoyés un langage intelligible à ceux qu'elle veut évangéliser. « Si je ne comprends pas le sens de vos paroles, disait saint Paul aux Corinthiens, je suis pour vous un barbare; mais je rends grâce à Dieu de parler la même langue que vous (1). »

(1) 1 Cor., XIV.

C'est la condition de son universalité.

Chaque siècle a sa langue propre qui reflète les idées, les préoccupations, les tendances, les passions dont il est animé et dont l'apôtre doit se pénétrer, s'il ne veut pas que sa parole soit la voix de celui qui parle dans le désert.

Bossuet raconte (1) qu'au seizième siècle, alors que s'amoncelait l'orage que Luther fit éclater, beaucoup de prédicateurs prêchaient surtout les indulgences, les pèlerinages, l'aumône aux religieux et les pratiques pieuses, qui sont seulement l'accessoire de la vie chrétienne ; ils négligeaient ce qui en fait l'essence.

Aujourd'hui, comme aux temps de Luther, l'Église subit en France une crise que nous devons travailler à conjurer. Beaucoup d'hommes s'éloignent d'elle. Pour les uns, elle est une relique du passé, une ruine dont on peut admirer encore les proportions grandioses, mais qu'il faut laisser, inutile et vénérée, dans le musée de l'histoire. Pour

____

(1) *Histoire des variations*, l. V.

d'autres, elle est un obstacle qui s'oppose à
la marche des peuples ; un effort persévérant
pour les faire retourner en arrière ; une coalition d'intérêts avides et ambitieux pour
l'exploitation de la démocratie qu'elle aspire
à dominer et à vaincre.

Pouvons-nous assister impassibles à la for-
mation de cet orage qui, s'il n'éclate pas à la
façon de celui du seizième siècle, car les
temps sont changés, peut du moins voiler,
aux yeux d'un grand nombre de nos contemporains, la lumière de la vérité que nous
sommes chargés de leur annoncer? Non,
évidemment. Notre devoir est de dissiper les
nuages. Nous manquerions à notre mission
si nous nous consacrions exclusivement à la
garde du troupeau resté fidèle, et si nous ne
tentions pas de gagner à l'Église ceux qui ne
partagent pas notre foi. Essayons du moins
de combattre les préjugés qui les éloignent;
faisons vers eux la moitié du chemin, Dieu
fera le reste.

Les moyens dont parle Bossuet et qu'em-
ployaient beaucoup de prêtres contemporains
de Luther, seraient inefficaces. Ils peuvent

exciter la ferveur des croyants, ils ne ramènent pas les incrédules, ils ne désarment pas les ennemis : ils seraient même dangereux s'ils nous entretenaient dans l'illusion que la victoire est gagnée parce que quelques milliers de fidèles ont répondu à notre appel. Le chant des cantiques berce doucement l'âme croyante ; il faut autre chose pour ramener l'indifférent et désarmer l'ennemi. Il faut d'abord leur parler un langage qui attire leur attention et les dispose à nous écouter favorablement.

Or il est un sujet sur lequel ils n'hésiteront pas, je crois, à entrer en conversation avec nous et qui peut être comme un pont jeté sur l'abîme qui sépare les deux camps.

Il n'est personne aujourd'hui, en France, qui ne prête une oreille attentive quand on parle des *droits de l'homme*. Cette thèse résume et condense les idées, les espérances, les aspirations de la France contemporaine ; elle est comme la marque caractéristique de notre époque. La formule qui l'exprime est sur toutes les lèvres ; elle est le drapeau autour duquel est groupée la génération dont nous sommes et, ses plis, qui flottent sur toutes les têtes, sont le symbole du monde nouveau.

En parlant des droits de l'homme, j'ai donc quelque espoir de me faire écouter de ceux devant lesquels je viens plaider encore la cause de l'Église.

J'ai groupé autour de cette idée fondamentale quelques pages détachées de notre histoire, où je prouve, par les faits, que, si la société qui a pris les droits de l'homme pour devise est sujette à des défaillances et en butte à des épreuves que je ne rappelle pas parce qu'elles sont sous nos yeux et que nous les connaissons puisque nous en souffrons personnellement, les temps qui ont précédé n'en ont pas été exempts ; qu'à toutes les époques, la somme des douleurs qui a pesé sur le monde a été très lourde, et plus lourde encore autrefois qu'aujourd'hui.

Ces leçons de l'histoire ont un double avantage.

Elles nous enseignent d'abord que l'Église n'aurait rien à gagner à la résurrection d'un état social qui lui faisait payer trop cher les avantages temporels qu'il lui accordait et les honneurs dont il l'entourait. J'aurai répondu ainsi, par le simple exposé des faits, à ceux qui nous accusent de regretter le passé et de rêver, pour le plus grand bien de l'Église, la reconstitution d'un état de choses à jamais disparu.

L'histoire nous apprendra aussi que le *bon vieux temps* a été dur, très dur même pour nos pères, et que pas un peut-être de nos contemporains ne consentirait à revivre, si le choix était possible, dans ces temps dont on a oublié les heures sombres et désolées.

A ceux qui se plaignent des douleurs du présent et qui en font le thème de déclamations pessimistes; qui se découragent en disant : « Jamais on n'a vu une époque plus triste », je conseillerai de relire ces quelques pages de nos annales.

Je suis loin de nier les douleurs, les défaillances, les tristesses de notre temps; je dis seulement que nos plaintes seraient moins amères et nos récriminations moins acerbes, si nous nous souvenions du fardeau sous lequel ont été courbés nos pères.

Mais on a oublié : je me contente de réveiller les souvenirs. Les livres que je cite sont entre les mains de tout le monde ; on les a lus, mais on n'y pense plus. C'est donc à une seconde lecture que je convie ceux qui prendront la peine de parcourir ces pages.

Qu'on ne se méprenne pas sur la pensée qui m'a guidé dans mon travail. Je n'ai eu nullement l'intention de récriminer contre un passé dont les gloires sont un héritage national ; mais j'ai voulu démontrer, par l'histoire, qu'à côté des gloires dont on se souvient, il y a eu des défaillances et des malheurs qu'on oublie et dont le poids a été si lourd, qu'en les comparant à ceux d'aujourd'hui, loin de se décourager et de se plaindre, on bénira les progrès accomplis.

J'apporte un élément pacificateur à la solution de la crise religieuse contemporaine en démontrant, par l'histoire, que l'évolution politique et sociale dont les dernières années du dix-huitième siècle ont donné le signal, était nécessaire et juste (1) ; que l'Église de

____

(1) Voir la lettre du P. Lacordaire à M. Foisset, 25 mai 1842.

France n'a pas à regretter un régime qui avait fait d'elle une captive, et je m'abrite derrière le grand nom de Lacordaire, dont on a dit qu'il a été invinciblement attaché aux principes et aux conquêtes de 1789 (1).

____

(1) Lettre de Montalembert au P. Chocarne.

LA CRISE RELIGIEUSE

ET

LES LEÇONS DE L'HISTOIRE

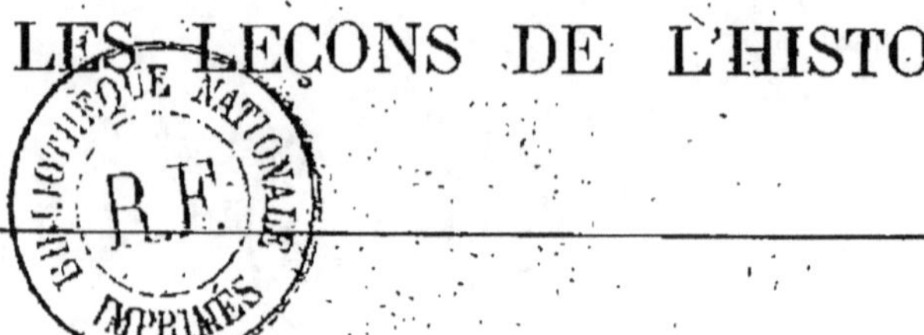

CHAPITRE PREMIER

LES PRINCIPES GÉNÉRAUX DU DROIT NATUREL

Parmi les notions fondamentales et indélébiles qui sont la base de notre vie morale, l'idée du droit occupe une place privilégiée. Elle nous révèle l'éminente dignité de notre nature et, par l'idée du devoir, qui en est le corollaire inévitable, elle nous enseigne quels doivent être nos rapports avec nos semblables.

Le droit et le devoir sont, en effet, comme les deux plateaux de la balance dans laquelle se pèse la valeur morale de la vie, car tout droit engendre un devoir et réciproquement :

« S'il ne s'élevait pas de la conscience de l'homme une autre puissance morale que celle du droit individuel, la société ne pourrait avoir une organisation durable, une vie d'ordre et d'harmonie. Le sentiment exclusif du droit produirait, dans la société, cet égoïsme fatal qu'on a qualifié *d'individualisme*, et dissoudrait lentement les liens de la sociabilité. Mais, heureusement, la puissance conservatrice existe dans la conscience humaine ; c'est le sentiment, c'est la loi du devoir : et cette puissance a fait depuis longtemps son apparition dans le monde moral et religieux par une éclatante manifestation ; car le christianisme, en proclamant le principe de fraternité humaine, de liberté et d'égalité, a proclamé aussi le devoir comme loi morale du genre humain... L'homme, selon sa nature, est un être individuel et social, et sa véritable grandeur est dans l'union du droit et du devoir (1). »

Le droit se divise en droit naturel et en

____

(1) F. Laferrière, *Cours de droit public et administratif*, préface.

droit positif. Le droit positif est l'ensemble des lois promulguées par les législateurs ; le droit naturel, le seul dont je m'occupe ici, est celui qui découle de la constitution même de notre nature.

Le droit naturel est *le pouvoir moral, inviolable, immuable et universel d'agir, d'omettre ou d'exiger.*

La définition devait d'abord évoquer l'idée de pouvoir *moral* indissolublement liée à la notion de droit, car il ne pouvait être question ici de pouvoir matériel et physique, le droit étant, par essence, une manifestation de l'énergie morale. C'est là ce qui fait sa grandeur et c'est pour cela qu'il est inviolable.

Le droit serait une fiction sans réalité si, par sa nature même, il n'était pas inviolable ; s'il ne créait pas le devoir absolu de s'incliner devant lui et de ne pas s'opposer à sa légitime expansion.

L'inviolabilité du droit est l'une des assises les plus solides de l'ordre public.

Dans une société où l'inviolabilité du droit est une notion indiscutable et sacrée, où toute tentative contre l'exercice d'un droit est considérée comme un crime de lèse-majesté sociale ; quand tous les citoyens voient, dans la violation du droit d'un seul, une atteinte au droit de tous, l'ordre public, fondé sur la justice, est à l'abri des secousses qui menacent de ruine les peuples dont l'oubli du droit de tous et de chacun a fait une proie sans défense contre les attentats de la force. Quiconque affaiblit l'idée de l'inviolabilité du droit en se faisant un jeu du droit des petits et des faibles ; quiconque, ne comprenant pas que le droit est souverain par cela seul qu'il est le droit, se préoccupe peu du droit d'un seul, quel qu'il soit, celui-là compromet gravement l'édifice social ; il y fait une brèche par laquelle passera le torrent qui emportera un jour le droit de tous.

A défaut de considérations appuyées sur les principes que je viens de rappeler, notre intérêt devrait donc nous convaincre que les droits sont solidaires et que leur inviolabilité est la meilleure sauvegarde de notre droit personnel. Une justice parfois tardive mais inexorable exige une compensation. Celui qui a violé le droit d'autrui ne doit pas s'attendre à ce que l'on respecte le sien. C'est alors une lamentable série de représailles ; les citoyens, armés les uns contre les autres, ne connaissent plus que la force, jusqu'au jour où surgit un

maître dont la violence et les caprices feront
régner le bon plaisir sur les ruines du droit
de tous.

L'idée d'un droit inviolable est aussi l'un
des signes les plus éclatants de l'incomparable
grandeur de notre nature ; elle couvre de sa
majesté le plus humble, le plus petit de la
grande famille humaine. Que sont les titres
pompeux et fragiles dont se pare la vanité,
auprès de ces lettres de noblesse octroyées
par Dieu lui-même : *Faisons l'homme à notre
image et à notre ressemblance.* — « A ces admirables paroles, dit Bossuet, élève-toi au-dessus
des cieux, et des cieux des cieux, et de tous
les esprits célestes, âme raisonnable ; puisque
Dieu t'apprend que, pour te former, il ne s'est
pas proposé un autre modèle que lui-même.
Ce n'est pas aux cieux, ni aux astres, ni au
soleil, ni aux anges mêmes, ni aux archanges,
ni aux séraphins qu'il veut te rendre semblable : Faisons, dit-il, à notre image, et pour
inculquer davantage, faisons à notre ressemblance : qu'on voie tous nos traits dans cette
belle créature, autant que la condition de la
créature le pourra permettre (1)... »

(1) *Élévations sur les mystères,* VIe.

1.

Cette « belle créature » ne serait pas ce que Dieu a voulu en faire, si elle n'était pas protégée par l'inviolabilité du droit qui rend intangible toute personnalité humaine.

Que la violence et la force en méconnaissent la grandeur, que le titre d'homme ne soit pas un bouclier suffisant pour protéger les faibles contre les attentats des forts, le droit n'en demeure pas moins ce qu'il est ; l'injustice ne l'anéantira jamais : « Il y a, en effet, dans le droit, comme dans tout ce qui est vrai, une puissance propre, éternelle et indestructible, qui ne peut disparaître que lorsque le droit n'est plus même nommé. La tyrannie serait invincible si elle réussissait à anéantir l'idée du droit avec son nom, à créer sur la terre ce silence du droit. Tant qu'il reste une âme juste avec des lèvres hardies, le despotisme est inquiet, il s'agite, il se doute que l'éternité conspire contre lui (1). »

Oui, le droit trouvera toujours, armées pour sa défense, des âmes justes et des lèvres hardies qui ne laisseront jamais à la force la paisible jouissance de son triomphe : même aux heures les plus sombres, l'idée du droit

______

(1) P. Lacordaire, *Oraison funèbre d'O'Connell.*

ne disparaît pas, elle brille, dans la conscience de l'homme juste, comme l'espérance d'une résurrection.

Le droit est immuable et universel. Il est immuable, c'est-à-dire qu'il ne suit pas les fluctuations des opinions humaines ; il ne change pas avec les temps et les lieux ; nous ne pouvons pas décréter que ce qui, jusqu'à présent, a été juste et honnête, ne le sera plus désormais. Le droit demeure toujours ce qu'il est et tel qu'il est. Il est universel, c'est-à-dire qu'il n'y a pas un droit pour le blanc et un autre pour le noir, un droit pour le fort et un autre pour le faible ; il est le même, absolument le même pour tous. Pour être véritablement juste, il faut s'incliner devant le droit de tout homme, quel qu'il soit : « Quiconque excepte un seul homme dans la réclamation du droit, quiconque consent à la servitude d'un seul homme blanc ou noir, ne fût-ce même que par un seul cheveu de sa tête injustement lié, celui-là n'est pas un homme sincère et ne mérite pas de combattre pour la cause sacrée du genre humain. La conscience publique repoussera toujours l'homme qui demande une liberté exclusive ou même insouciante du droit d'autrui ; car la liberté exclusive n'est plus qu'un privilège, et la liberté insouciante des autres n'est plus qu'une trahison (1). »

Qu'importe en effet qu'un homme soit civilisé ou barbare, ami ou ennemi? Il est homme, cela suffit pour que son droit soit sacré.

On peut appliquer, au respect du droit d'autrui, les principes que la doctrine chrétienne nous enseigne sur la charité. D'après les préceptes de l'Évangile, nous devons nous aimer les uns les autres, faire du bien à ceux qui nous haïssent, prier pour ceux qui nous persécutent, car nous ne sommes que des païens si nous nous contentons d'aimer nos amis (2). Or le respect du droit du prochain est une des formes les plus nécessaires de la charité; pouvons-nous dire que nous sommes chrétiens si nous violons le droit des autres?

La seconde partie de la définition dont j'explique les termes détermine les notions dans lesquelles se résument les diverses manifestations du droit : *agir, omettre, exiger.*

(1) Lacordaire, *op. cit.*
(2) Matth., v.

L'homme a le droit de développer toute son activité jusqu'à la limite du droit des autres; le droit devient là le devoir de respecter l'activité d'autrui.

Le droit d'agir suppose celui d'omettre : on ne peut pas me forcer à un acte que j'ai le droit de ne pas accomplir.

La revendication légitime d'un droit violé est la conséquence nécessaire de l'idée même du droit : le droit, en effet, serait illusoire, s'il m'était interdit d'en exiger l'exercice ou de m'opposer à ce qu'il soit méconnu.

Le droit naturel, dont je viens d'analyser la notion, est le fondement sur lequel repose tout l'édifice des lois positives (1), mais à son tour, d'où vient-il? d'où tire-t-il sa valeur intrinsèque?

La question se rattache à un problème plus général : quel est le fondement de la morale? où résident les premiers principes sur lesquels doit se régler notre vie pour être honnête et juste?

Je n'ai pas à envisager ici la question à son point de vue le plus général; je me borne à

____

(1) Voir d'Aguesseau, *Méditations métaphysiques*, première méditation.

résoudre ce problème : quel est le premier principe du droit?

Je constate d'abord que les jurisconsultes les plus éminents qui se sont élevés à la notion philosophique du droit ont placé son origine dans une sphère inaccessible aux passions et à l'instabilité des opinions humaines. Ils ont eu, du droit, une idée trop haute pour en faire un ensemble de principes plus ou moins ingénieux, mais soumis aux caprices de l'homme qui pourrait les changer ou les modifier à son gré.

La question est assez importante pour que l'on me permette quelques citations :

« Il est, dit Cicéron, une loi véritable et absolue, la droite raison, conforme à la nature, universelle, invariable, éternelle, dont la voix enseigne le bien qu'elle ordonne, et détourne du mal qu'elle défend; mais soit qu'elle défende, soit qu'elle ordonne, elle n'est puissante que sur les bons, et si elle se fait entendre aux méchants, elle ne les persuade pas. On ne peut ni l'infirmer par une autre loi, ni en rien changer, ni l'abroger tout entière; ni le peuple, ni le sénat ne peuvent dispenser d'y obéir, elle est, à elle-même, son interprète; elle ne sera pas autre dans Rome, autre dans Athènes, autre aujourd'hui, autre demain : partout, dans tous les temps, régnera cette loi immuable et sainte, et, avec elle, Dieu le maître et le roi du monde, Dieu qui l'a faite, discutée, sanctionnée ; la méconnaître, c'est se fuir soi-même, c'est fouler aux pieds sa nature, et s'infliger, par cela seul, la plus cruelle punition, quand même la justice humaine n'aurait point d'autres supplices (1). »

A plusieurs reprises, dans son Traité des lois, Cicéron revient sur cette idée : « Quant au droit fondamental, dérivons-le d'abord de cette loi suprême, née pour tous les siècles, avant qu'aucune loi eût été écrite, avant qu'aucune cité eût été fondée. » — « que si les volontés des peuples, les décrets des chefs d'État, les sentences des juges fondaient le droit, le vol serait le droit, l'adultère, les faux testaments seraient le droit dès qu'on aurait l'appui des suffrages ou des votes de la multitude... Pourquoi ne décrètent-ils pas que ce qui est mauvais et pernicieux soit, à l'avenir, tenu pour bon et salutaire (2) ? »

(1) *De Rep.*, l. III.
(2) L. 6 et 16.

Au livre I, titre II des Institutes, Justinien dit : « Le droit naturel, que toutes les nations observent également, étant établi par *la Providence*, est toujours le même et ne change jamais; au contraire, le droit de chaque ville s'est fait, est sujet au changement, ou par un consentement tacite du peuple, ou par quelque loi contraire. » Un commentateur ajoute : « Les circonstances diverses, les événements différents peuvent faire devenir préjudiciable et nuisible ce qui jusqu'alors avait été très utile. Il ne faut donc pas s'étonner si l'on voit quelquefois les souverains abroger les lois anciennes et en faire de nouvelles toutes contraires. Il n'en est pas de même du droit naturel. Les précieuses émanations de la raison souveraine, que saint Augustin appelle la loi éternelle, sont fondées sur une justice aussi immuable que Dieu même, qui en est la règle et le principe. Voilà pourquoi ni l'immense volubilité des siècles, ni la perpétuelle vicissitude des choses humaines ne peuvent y apporter aucun changement. Personne ne peut aussi les abolir : leur autorité, qui est celle de Dieu, s'étend aussi bien sur les souverains que sur leurs sujets. »

Cette noble conception du droit anime tout

le Traité des lois de Domat. Il établit que les lois « ne sont autre chose que les règles de la conduite de l'homme et que cette conduite n'est autre chose que les démarches de l'homme vers sa fin (1) ». Si l'on veut découvrir les premiers fondements des lois, il faut donc connaître quelle est la fin de l'homme, « parce que la destination à cette fin sera la première règle de la vie et des démarches qui l'y conduisent ». Or, d'après Domat, la fin de l'homme est de connaître, d'aimer et de posséder Dieu, d'où il suit que Dieu, s'étant assigné lui-même à l'homme comme fin suprême, est aussi celui qui lui a tracé la voie qui doit le conduire à cette fin et, cette voie n'étant que l'ensemble des lois qui règlent notre conduite, Domat en conclut que Dieu est notre législateur par cela seul qu'il est le terme de notre destinée.

Il divise ensuite les lois en lois naturelles et en lois positives. Les lois naturelles et immuables viennent de Dieu, on les appelle naturelles, parce que Dieu les a gravées dans notre nature et qu'il les a rendues inséparables de notre raison. Les lois positives sont l'œuvre des hommes, mais, pour qu'elles soient justes,

(1) Ch. I.

elles doivent être conformés à la loi naturelle, expression de la raison divine (1).

Le chancelier d'Aguesseau affirme, lui aussi, que le droit naturel est une manifestation de la pensée divine : « S'il y a un droit qui mérite véritablement ce nom, il doit consister uniquement dans des règles que la raison enseigne à tout homme exempt de passions et attentif à envisager de sang-froid ce qui tend à sa perfection et à son bonheur; ou, si l'on veut exprimer la même pensée d'une autre manière, on peut dire que le droit naturel consiste dans ces lois primitives, qui, étant également reconnues par tous les hommes, même par ceux qui les violent, sont regardées, avec raison, comme gravées dans le fond de notre être par la main de son Auteur (2). »

Montesquieu enseigne que la source de la justice et du droit est dans la *raison primitive* : « Dire qu'il n'y a rien de juste ni d'injuste que ce qu'ordonnent ou défendent les lois positives, c'est dire qu'avant qu'on eût tracé des cercles tous les rayons n'étaient pas égaux. Il faut donc avouer des rapports d'é-

____

(1) Ch. xi.
(2) *Notions générales du droit naturel.*

quité antérieurs à la loi positive qui les établit (1). »

Cette raison primitive, qui établit des rapports d'équité antérieurs à la loi positive, n'est autre chose que la raison divine dictant ces lois fondamentales dont Bossuet a dit que « ce qui se fait contre elles est nul de droit (2). »

Je termine ces citations, trop nombreuses peut-être, par ces belles paroles de M. Troplong : « Je crois à l'existence d'un droit naturel supérieur à l'homme et condition de sa nature sociale. A mon avis, il est des règles antérieures à toutes les lois positives et je ne saurais admettre que les mouvements de la conscience et l'idée du droit soient l'ouvrage du législateur. Ce n'est pas la loi qui a fait la famille, la propriété, l'égalité, la notion du bien et du mal, etc. Elle peut, sans doute, organiser toutes ces choses, mais elle ne fait que travailler alors sur le fonds que la nature lui a donné et elle est d'autant plus parfaite qu'elle se rapproche de ces lois éternelles, immuables, innées, que le Créateur a gravées

____

(1) *Esprit des lois*, l. I, ch. I.
(2) *Politique*, l. VIII.

dans nos cœurs. Cette pensée se lie à toute notre existence sociale (1). »

Ne nous étonnons pas si les jurisconsultes les plus éminents ont reconnu l'origine divine du droit, car l'affirmation d'un Dieu créateur et législateur est une nécessité rationnelle.

Si, en effet, nous sommes à nous-mêmes notre cause première et notre premier principe ; si, au-dessus de nous, personne n'a gravé, au plus profond de notre être, les idées du juste, de l'injuste et les principes fondamentaux du droit, ces notions n'ont qu'une valeur humaine et relative ; nous en sommes les créateurs et, par conséquent, nous les tenons sous notre entière dépendance. Nous pouvons donc les changer à notre gré et décider souverainement qu'une chose est juste ou injuste selon qu'il nous plaira de décider qu'elle est bonne ou mauvaise. Or nous savons très bien que notre pouvoir ne va pas jusque-là. Aucun sophiste ne démontrera que tuer un homme sera une chose juste, quand bien même des législateurs auraient procla-

(1) Préface du *Commentaire sur la vente*. — Les théologiens parlent comme les jurisconsultes philosophes. Voir Saint Thomas, 1re et 2e q., 90 et seq. *Suarez de legibus*, l. II.

mé la liberté de l'homicide. Il faut donc recourir à une autorité supérieure à tout pouvoir humain ; or, au-dessus de l'homme, il n'y a que Dieu. Le Dieu créateur, qui, dans sa pensée, a conçu l'idée d'une créature raisonnable, lui a dicté des lois qui sont les conséquences nécessaires de l'acte créateur. De même, en effet, que l'image, affaiblie sans doute, mais fidèle, de la beauté divine se reflète dans l'âme humaine et rejaillit à l'extérieur, au point que « l'excellence de la beauté appartient à l'homme (1) », de même la raison souverainement juste et droite de Dieu a gravé, dans la raison de l'homme, les préceptes de la droiture et de la justice éternelles.

Cette dépendance à l'égard de Dieu, loin de diminuer la grandeur de l'homme, donne au contraire la plus haute idée de sa dignité.

Nous sommes, en effet, obligés en conscience d'obéir aux lois qui sont l'expression de la justice et du droit ; or comment une loi qui ne serait qu'une œuvre exclusivement humaine et dans laquelle il n'y aurait aucun vestige de la loi éternelle et du droit naturel, aurait-elle le pouvoir redoutable d'enchaîner

______

(1) Bossuet, *Élévations sur les mystères.*

notre conscience? Dieu seul a le droit de lui intimer des ordres, et la loi, par conséquent, n'a le pouvoir de lui commander, qu'à la condition d'être une application particulière, dans un cas déterminé, des grands principes du droit naturel dont Dieu est la source.

J'ai insisté sur la thèse de l'origine divine du droit pour montrer combien est vaine la crainte de ceux qui voient, dans l'affirmation des droits de l'homme, une diminution ou même une négation des droits de Dieu. C'est Dieu lui-même qui a entouré de cette auréole sa créature privilégiée et en a fait une personnalité intangible. Il a voulu nous inspirer le respect profond qui doit nous animer les uns à l'égard des autres ; il a fait, de l'âme humaine, un sanctuaire inviolable gardé par des droits imprescriptibles. L'affirmation des droits de l'homme est donc comme un hommage de reconnaissance envers la bonté de Dieu. Si ces droits n'étaient jamais méconnus, la terre serait le séjour de la justice et de la paix.

Si « l'ignorance, l'oubli ou le mépris des droits de l'homme (1) » ne sont pas les *seules*

____

(1) Préambule de la Déclaration.

causes des malheurs publics, ils sont au moins la source d'une infinité de maux qui pèsent parfois sur les peuples et rendent leur sort digne de pitié : nous en verrons, dans ce livre, de nombreux et lamentables exemples.

Dans ses *Considérations sur la France*, M. de Maistre a émis une opinion singulière qui, si elle était exacte, anéantirait les théories des jurisconsultes et des théologiens sur les droits naturels de l'homme. Avec son idée préconçue de blâmer tout dans le mouvement qui a marqué les dernières années du dix-huitième siècle, M. de Maistre a dit : « La Constitution de 1795, comme ses aînées, est faite pour *l'homme*. Or il n'y a point *d'homme* dans le monde. J'ai vu, dans ma vie, des Français, des Italiens, des Russes, etc.; je sais même, grâce à Montesquieu, *qu'on peut être Persan* ; mais quant à *l'homme*, je déclare ne l'avoir rencontré de ma vie; s'il existe, c'est bien à mon insu (1). »

La différence des nationalités détruirait donc la qualité d'homme. Il n'y aurait pas, parmi les hommes, certains droits communs à tous; les principes du droit naturel ne se-

______

(1) Ch. VI.

raient pas les mêmes pour tous les hommes et changeraient en passant les frontières! La nature humaine, avec ses droits immuables, n'est donc pas identique chez les Français, les Russes, les Italiens et les Chinois? Quand les jurisconsultes et les théologiens définissent la justice : la volonté constante et perpétuelle de respecter les droits de *chacun*, ils n'enferment pas le droit dans les limites des empires, ils proclament le droit universel de *l'homme*.

La disposition la plus efficace au respect du droit de tous et de chacun est de concevoir une haute idée de la nature humaine : nous serons d'autant plus prêts à respecter le droit que nous respecterons la dignité humaine considérée en elle-même.

Les droits naturels se divisent en droits *innés* et en droits *acquis*. Les droits innés sont absolus; ils sont la conséquence immédiate de la nature même de l'homme : la conservation de la vie, le perfectionnement de la personne et de son état, l'acquisition juste de ce qui est nécessaire à la conservation et au perfectionnement, tels sont les droits naturels innés absolus.

L'homme a incontestablement droit à la vie

matérielle, mais il n'est pas seulement un être vivant, il est aussi une créature intelligente et douée de libre arbitre ; nul ne peut donc lui nier le droit de développer son intelligence et de déployer sa liberté, en un mot, de vivre comme il convient à sa nature.

Les droits acquis sont hypothétiques : ils reposent sur un fait contingent ; on peut les perdre ou les transférer à un autre. Tel est le droit de propriété qui procède sans doute, d'une manière générale, de la nature même, mais dont l'*objet* n'est déterminé que par des conventions positives.

CHAPITRE II

LE DROIT A LA VIE. — LA GUERRE

Le droit à la vie est le premier et la base de tous les droits. Un homme ne peut, sans un crime horrible, violer, de son autorité privée, ce droit fondamental. L'assassinat est un forfait ; c'est là une vérité sur laquelle il est inutile d'insister, personne ne la conteste. Mais il y a, dans l'histoire du monde, des heures néfastes et hélas ! trop nombreuses dans lesquelles des milliers d'existences humaines sont immolées.

J'aborde le redoutable problème de la guerre : au point de vue du droit à la vie, que faut-il penser de la guerre ?

La guerre est juste ou injuste. La guerre juste est « l'acte par lequel un peuple résiste à l'injustice au prix de son sang (1) ». Un

(1) Lacordaire, *Vie de saint Dominique.*

peuple injustement attaqué a évidemment le droit de repousser, par la force, quiconque porte atteinte à son indépendance ou à l'intégrité de son territoire. Il est dans le cas d'un homme qui, assailli par des voleurs, se défend et, s'il est nécessaire, tue son agresseur.

La guerre injuste est celle qui a pour cause l'ambition, le fol orgueil, la cupidité, en un mot, toutes les passions qui poussent un malfaiteur à voler ou à tuer : toute guerre de conquête, c'est-à-dire celle qui a pour but *unique* de reculer les frontières d'un empire, est injuste.

Je ne parle ici que de la guerre de conquête et je m'efforcerai d'en inspirer une sainte et légitime horreur. Écoutons d'abord la grande voix de Bossuet stigmatisant, comme elle le mérite, la vanité criminelle des conquérants qui immolent des milliers de vies humaines pour satisfaire leur folie de domination : « Les grands s'imaginent que leur puissance éclate bien plus par des ruines que par des bienfaits : de là les guerres, de là les carnages, de là les entreprises hautaines de ces ravageurs de provinces que nous appelons des conquérants. Ces braves, ces triomphateurs, avec tous leurs magnifiques éloges, ne sont sur la terre que pour troubler la paix du monde par leur ambition démesurée : aussi Dieu ne nous les envoie-t-il que dans sa fureur. Leurs victoires font le deuil et le désespoir des veuves et des orphelins ; ils triomphent de la ruine des nations et de la désolation publique ; et c'est par là qu'ils font paraître leur toute-puissance..... *ut pauci illustrentur, mundus evertitur.* Mais ces grands crimes n'ont pas besoin d'être exagérés par nos paroles, ils sont assez condamnés par l'exécration publique (1). » Fénelon n'est pas moins inexorable dans son livre si sage et si humain : *Examen de conscience sur les devoirs de la royauté.*

Le devoir de tout homme, qui a quelque souci du droit de ses semblables, est de s'élever, avec la dernière énergie, contre cette folie criminelle qui pousse les peuples à se précipiter les uns contre les autres pour se disputer, après les avoir arrosés de sang, quelques lambeaux de territoire. Si tuer un homme est un forfait exécrable, si, la première fois que la terre but le sang humain, on entendit la voix de Dieu disant : « Le sang de ton frère a crié

____

(1) Sermon sur le légitime usage du pouvoir.

vers moi et tu seras maudit (1) », où trouvera-t-on des paroles assez fortes pour flageller le crime « de ces ravageurs de province que nous appelons des conquérants » ?

Qu'on ne dise pas : la guerre est inévitable ; pour la faire disparaître, il faudrait supprimer les passions qui en sont la cause, il faut donc s'y résigner comme à un fléau nécessaire (2).

Non, il ne faut pas s'y résigner ; quoi qu'il en soit de l'avenir, que, seule, la Providence peut connaître, il faut s'efforcer d'inspirer à tous le respect de la vie humaine. L'heure est propice, car jamais peut-être, plus qu'aujourd'hui, on n'a plus apprécié la grandeur et les bienfaits de la paix. Si la Conférence de La Haye n'a pas donné tous les résultats qu'on pouvait en espérer, elle est néanmoins un signe des temps et un progrès considérable. C'était une noble et sainte pensée que celle de réunir les représentants de toutes les nations et de les inviter à chercher les moyens de rendre les guerres plus rares. Cette idée généreuse, si humaine et si chrétienne, fera son chemin, et elle le fera d'autant mieux qu'on s'efforcera davantage

(1) *Genèse*, iv.

(2) Voir le beau et généreux livre du D\ Charles Richet, *les Guerres et la Paix*.

d'en multiplier l'influence. On arrivera, il est permis de l'espérer, à inspirer de la guerre une horreur telle que quiconque la déclarera sera voué à l'exécration du monde.

Deux ans avant la célèbre circulaire adressée, sur l'ordre du Tsar, par le comte Mourawieff à tous les représentants étrangers accrédités à Saint-Pétersbourg, le cardinal Rampolla écrivait au président du Congrès de la Paix à Budapest : « L'hommage rendu au Saint-Père par le septième Congrès universel de la Paix, tenu récemment à Budapest, lui a été extrêmement agréable, parce que, dans cet acte de déférence, il a pu aisément reconnaître un témoignage public de respect rendu au haut ministère de la paix, dont est revêtu le Chef de l'Église. Et, en effet, le travail le plus noble du Souverain Pontife, qui a voué en tout temps son autorité et son influence à la civilisation et à la concorde entre les peuples, a été de faire régner dans le monde la justice et la paix, et d'unir toutes les nations, comme en une seule famille, par les liens de la fraternité chrétienne. Le Pontife qui gouverne aujourd'hui l'Église a, lui aussi, dirigé son esprit et son cœur vers cette œuvre éminemment chrétienne et bienfaisante, et il ne cessera d'y consacrer à l'avenir sa sollicitude et ses veilles. Il sera confirmé dans cette intention, par la conviction, qui pénètre de plus en plus la conscience des hommes, que l'accomplissement de tous les devoirs et le respect de tous les droits sont les bases sur lesquelles reposent les relations civiles, *qu'à la loi de la force succédera celle de la raison* et qu'une ère nouvelle de véritable civilisation rendra plus facile à la famille humaine l'accomplissement de ses destinées suprêmes. »

Paroles superbes qui doivent nous encourager à consacrer tous nos efforts à hâter l'avènement de la véritable civilisation : la guerre n'est-elle pas, en effet, un reste de barbarie indigne des peuples civilisés ?

Mais la guerre est, dit-on, « le complément de l'amour de la patrie ». Oui, quand il s'agit de la défendre ; non, quand il s'agit de sacrifier, sans cause juste, ses enfants par milliers. D'ailleurs, ceux qu'un reste de paganisme nous fait regarder comme des ennemis, par cela seul qu'ils habitent au delà de nos frontières, n'ont-ils pas eux aussi une patrie ? De quel droit irions-nous la piller ou l'amoindrir ? La règle évangélique : ne faites pas aux autres ce que vous ne voudriez pas qui vous fût fait à vous-mêmes, ne s'adresse pas seulement aux individus, elle s'étend aux nations et à tous les peuples. Nous ne sommes pas chrétiens si, sans raison, de gaieté de cœur et uniquement par esprit de conquête, nous attaquons une patrie étrangère.

Le respect profond des armées nationales s'allie très bien aux doctrines que j'expose ici. L'armée est la force au service du droit, et ceux qui veulent en faire l'instrument de la violence méconnaissent la grande idée qu'elle représente.

Le militarisme, c'est-à-dire le culte de la force pour la force, n'a rien à voir au respect dû à l'armée et à l'amour de la patrie. Il est un instinct dépravé qui pousse les peuples à se ruer les uns contre les autres; une excitation perpétuelle à la guerre de conquête; une conception fausse de l'honneur national qui exalte outre mesure la gloire militaire au détriment des autres gloires que recueillent les peuples dans les travaux féconds de la paix. A coup sûr, un soldat héroïque est l'honneur d'un pays, mais un magistrat intègre, un artiste, un poète inspiré, un savant comme Pasteur, ne sont-ils pas, eux aussi, des gloires nationales ?

Je repousse donc comme un sophisme la calomnie qui accuse de tiédeur envers l'armée et la patrie ceux qui ont horreur du militarisme et qui se montrent avares du sang de leurs frères.

Quand un conquérant rentre dans sa capitale au bruit des acclamations et qu'un peuple en délire célèbre son triomphe, le philosophe songe à ceux qui là-bas, sur le champ de bataille, dorment leur dernier sommeil; il songe à la douleur immense des mères et des épouses et, à travers les chants de victoire, il écoute les sanglots de ceux qui pleurent.

Arrêtons-nous devant ce tableau lugubre; mieux que toutes les considérations spéculatives, il nous inspirera l'horreur de la guerre.

Quand une femme a enfanté un fils, elle oublie ses souffrances, dit l'Évangile; elle se réjouit parce qu'un homme est né (1).

Que de rêves, que de tendresse, que d'espérances, mais aussi que d'inquiétudes auprès du berceau! Le père et la mère concentrent toute leur vie, toute leur âme autour de ce petit être que Dieu leur a confié, et ils se

____

(1) Joann., xvi.

disent que, plus tard, quand leur enfant sera
devenu un homme, il sera pour eux le rayon
de soleil qui éclairera leurs dernières années.

L'enfant est devenu un homme; il a vingt
ans : ses parents commencent à espérer en
lui, et voilà qu'on le leur enlève ! Pendant
trois ans on lui apprendra un métier étrange,
on lui apprendra à être habile à tuer des
hommes. Les hommes que, pendant trois ans,
il a, dans sa pensée, au bout de son fusil,
sont-ce des malfaiteurs? quelques-uns peut-
être; ceux qui, à la tête du peuple ennemi,
méditeraient une invasion injuste; mais, derrière ces coupables, il y a la foule immense
des innocents, il y a le soldat qui ne demandait qu'à rester dans son village.

Or, un jour, survient une complication di-
plomatique à laquelle ne comprennent rien
ceux dont le sang va régler le conflit et assou-
vir l'ambition conquérante. La guerre est dé-
clarée, et on apprend qu'une grande victoire
a été remportée. Une grande victoire, c'est-à-
dire que des milliers de jeunes gens gisent
morts ou blessés sur le champ de bataille.
Quelques heures ont suffi pour faucher dix
mille, vingt mille hommes. Et tandis que des
bulletins enthousiastes célèbrent la gloire qui

fait tant de victimes, les pères pleurent et les mères « ne veulent pas être consolées parce que leur enfant n'est plus ».

Quant aux morts du côté de l'ennemi, on n'y pense même pas, ou plutôt, plus ils sont nombreux, plus la victoire est éclatante. Étrange conception de la fraternité humaine ! Quand une peuplade sauvage attaque une tribu voisine pour lui enlever des troupeaux, elle a pour excuse sa sauvagerie même ; mais que des milliers d'hommes, qui se disent civilisés, s'égorgent sans horreur, cela ne se comprend plus.

On se souvient de l'émotion poignante qui s'empara de la France et de l'Europe à la nouvelle de la catastrophe du Bazar de la charité et certes on ne pleurera jamais assez ces nobles victimes. Et cependant leur mort eut pour cause une de ces fatalités mystérieuses devant lesquelles il n'y a qu'à s'incliner, sans les comprendre, devant les impénétrables secrets de Dieu ; que dire donc des victimes sacrifiées en nombre infiniment plus considérable à la passion ou à l'ambition humaines !

A peine y fait-on attention : qu'importe la mort de vingt mille hommes, pourvu que le clairon puisse entonner une fanfare triomphante !

Ces sentiments sont antichrétiens au premier chef : « Notre-Seigneur, dit Bossuet, après avoir établi le précepte d'aimer son prochain, interrogé par un docteur de la loi qui était celui que nous devons tenir pour notre prochain, condamne l'erreur des Juifs qui ne regardaient comme tels que ceux de leur nation. Il leur montra par la parabole du Samaritain qui assiste le voyageur méprisé par un prêtre et par un lévite, que ce n'est pas sur la nation, mais sur l'humanité en général que l'union des hommes doit être fondée... Cette parabole nous apprend que nul homme n'est étranger à un autre homme (1). »

Ils sont donc bien coupables ceux qui, sous prétexte de gloire militaire, habituent un pays à regarder comme un fait tout simple la mort des soldats: ces soldats ne sont-ils pas des hommes ? Celui qui tue un homme au coin d'un bois est un monstre ; le conquérant qui en tue cent mille est un héros !

Même dans les guerres justes, c'est-à-dire dans celles qui ont pour objet de repousser l'in-

(1) *Politique tirée de l'Écriture sainte*, liv. I, art. 1, § IV.

justice par la force, il y a, dit Fénelon, « des lois qu'il ne faut pas garder moins religieusement que celles de la paix ; il reste un certain droit des gens qui est le fond de l'humanité même : c'est un lien sacré et inviolable entre les peuples que nulle guerre ne peut rompre ; autrement la guerre ne serait plus qu'un brigandage inhumain, qu'une suite perpétuelle de trahisons, d'assassinats, d'abominations et de barbaries. Vous ne devez faire à vos ennemis que ce que vous croyez qu'ils ont droit de vous faire (1) ». Si, dans une guerre juste, on est exposé à violer le droit des gens parce que la bête humaine déchaînée s'arrête difficilement devant ce « lien sacré et inviolable des peuples » ; ne peut-on pas dire que la guerre injuste est une suite perpétuelle d'assassinats, d'abominations et de barbaries dont est responsable, non le soldat qui obéit, mais le chef qui commande ?

L'horreur du champ de bataille n'est pas la seule conséquence de la guerre.

On sait les sommes immenses que nécessite l'entretien des armées : les peuples sont accablés sous le poids d'impôts écrasants

____

(1) *Examen de conscience sur les devoirs de la royauté.*

pour subvenir aux dépenses d'armements for-
midables. Tout cet argent ne serait-il pas
mieux placé entre les mains de l'épargne ou
dans des entreprises tendant au plus grand
bien du monde ? On sait que cette situation
douloureuse a été créée dans l'Europe actuelle
par la faute énorme des conquérants qui ont
arraché deux provinces à la France. De là,
cette fièvre d'armement qui dévore l'Europe
et qui est une des plaies les plus graves de
notre temps.

Et, cependant, des peuples qui se disent
civilisés peuvent-ils rester toujours sur le
qui-vive, prêts à se ruer les uns contre les
autres ? Je ne le crois pas.

On dit parfois : « Il y a toujours eu des
guerres, il y en aura toujours, il ne faut pas
caresser le rêve chimérique de la paix universelle ; la guerre est une nécessité sociale. »

L'esclavage était aussi une nécessité sociale,
il « était le fondement de la société antique,
et, si haut que l'on remonte vers l'origine des
peuples, on retrouve quelque forme de servitude parmi les éléments de leurs constitu-
tions (1) ». Oui, le monde ancien ne concevait

______

(1) H. Wallon, *l'Esclavage dans l'antiquité*, liv. I; ch. I.

même pas l'état social sans l'esclavage, et l'esclavage a disparu. Comment cette révolution si salutaire et si féconde s'est-elle opérée? Le Christ, en prêchant l'affranchissement, l'égalité et la fraternité, a suscité des apôtres qui ont annoncé partout la bonne nouvelle. Il leur a fallu du temps, beaucoup de temps pour vaincre les préjugés et les passions; mais enfin, après des siècles, ils en ont triomphé : pourquoi les disciples du maître et les dépositaires de sa doctrine désespéreraient-ils de guérir cette autre plaie qui s'appelle la guerre?

Les révolutions qui changent la face du monde se font lentement. Il a fallu au christianisme trois siècles pour triompher de la résistance sanglante du paganisme; il lui a fallu beaucoup plus de temps encore pour faire passer, dans les lois, l'application sociale de ses principes.

Qu'eût répondu un haut et puissant seigneur du quatorzième siècle si l'on était venu lui dire qu'un jour les descendants de ses serfs attachés à la glèbe, taillables et corvéables à merci, seraient, devant la loi, les égaux de ses fils? Il aurait taxé de folie le prophète annonçant un changement impossible : ce changement s'est opéré et aujourd'hui l'égalité devant la loi est une de ces vérités que personne ne conteste. Pourquoi n'en serait-il pas de même de l'abolition de la guerre ? Dans cet ordre d'idées, il n'y a pas de limite assignable au progrès de l'humanité ; efforçons-nous donc de hâter la réalisation de ce progrès regardé jusqu'à présent comme le rêve chimérique de quelques rares penseurs ; travaillons sans relâche à ce que se lève le jour où la postérité ne comprendra même pas qu'il ait été un temps où l'on tuait des hommes pour conquérir une province.

L'horreur de la guerre s'allie très bien à un sentiment inné et industructible, l'amour de la patrie. J'ai déjà indiqué cette idée, mais il n'est pas inutile qu'on y insiste, car les partisans de la guerre accusent volontiers les amis de la paix d'avoir éteint dans leur âme le flambeau sacré : « Si l'on est obligé d'aimer tous les hommes, dit Bossuet, et qu'à vrai dire *il n'y ait point d'étranger pour le chrétien*, à plus forte raison doit-il aimer ses concitoyens. Tout l'amour qu'on a pour soi-même, pour sa famille et pour ses amis, se réunit dans l'amour qu'on a pour sa patrie, où notre bonheur et celui de nos familles et de nos amis est renfermé. C'est pourquoi les séditieux qui n'aiment point leur pays et y portent la division sont l'exécration du genre humain...» Bossuet cite l'exemple de Jésus-Christ : « On le reconnaissait pour bon citoyen, et c'était une puissante recommandation auprès de lui que d'aimer la nation judaïque... Il fut, et durant sa vie et à sa mort, exact observateur des lois et des coutumes louables de son pays ; même de celles dont il savait qu'il était le plus exempt... Il était soumis en tout à l'ordre public, faisant rendre à César ce qui était à César et à Dieu ce qui est à Dieu (1). »

Bossuet commence par affirmer l'obligation d'aimer tous les hommes et il prononce cette grave parole : « Pour un chrétien il n'y a point d'étrangers » ; mais il ajoute que l'amour de la patrie n'est qu'une extension de l'amour naturel de soi-même, de la famille et de ses amis. Jésus-Christ, modèle idéal de la perfection humaine, a aimé l'humanité jusqu'à mourir pour elle, ce qui ne l'a pas empêché d'aimer sa patrie et d'être un bon citoyen soumis à ses lois. Ces deux amours ne se contredisent donc pas, et il n'est pas vrai de dire que

____

(1) *Politique tirée de l'Écriture sainte*, l. 1, art. 6.

l'amour de l'humanité est un obstacle au sentiment patriotique. Un chrétien sait aimer son pays sans se croire obligé de traiter les autres hommes comme des étrangers ou des ennemis. Parce qu'un homme est citoyen d'une patrie qui n'est pas la nôtre, est-il nécessairement un étranger, un ennemi contre lequel il faille entretenir soigneusement cette haine qui parfois fait explosion et allume la guerre? Un chrétien n'acceptera jamais cette doctrine fratricide. Non, l'excitation perpétuelle à la guerre n'est pas la conséquence logique de l'amour du pays ; elle est le coup de clairon retentissant qui attire l'attention sur quelques hommes dont la prétention est d'accaparer le monopole du patriotisme. La patrie est à tous ; tous nous la voulons glorieuse, forte et respectée et, pour cela, il n'est pas nécessaire d'être toujours prêt à la lancer, au prix du sang de ses enfants, dans de périlleuses aventures, où s'engloutiront peut-être sa fortune et son existence même.

Dans l'ouvrage que j'ai déjà cité (1), Fénelon se demande de quel droit on accable d'impôts les peuples « pour trouver les fonds né-

(1) *Examen de conscience sur les devoirs de la royauté.*

cessaires à une guerre *qui ne leur est utile en rien* ». En quoi, en effet, la plupart des guerres sont-elles utiles aux peuples? quel profit en retirent-ils?

Le grand Évêque ajoute : « Toute compensation exactement faite, il n'y a presque point de guerre, même heureusement terminée, qui ne fasse beaucoup plus de mal que de bien à un État. On n'a qu'à considérer combien elle ruine de familles, combien elle fait périr d'hommes, combien elle ravage et dépeuple tous les pays, combien elle dérègle un État, combien elle y renverse de lois, combien elle autorise la licence, combien il faudrait d'années pour réparer ce que deux ans de guerre causent de maux contraires à la bonne politique dans un État. Tout homme sensé, et qui agirait sans passion, entreprendrait-il le procès le mieux fondé selon les lois, s'il était assuré que ce procès, même en le gagnant, ferait plus de mal que de bien à la nombreuse famille dont il est chargé ? »

Ce n'est donc pas aimer son pays que l'exposer sans nécessité absolue à toutes les calamités d'une guerre, même heureuse : le patriotisme ne consiste pas à attirer sur la patrie des malheurs et des ruines. On est bien coupable lorsque, pour se faire la réputation d'un patriote, on flatte la passion conquérante des peuples ; lorsqu'on entretient, dans une nation, la haine des nations voisines ; quand on habitue un pays à avoir l'œil toujours fixé sur la frontière en lui disant : voilà l'ennemi. Non, par delà la frontière il n'y a pas toujours l'ennemi et il y a toujours des frères ; il y a des hommes qui veulent vivre et qui ont droit à la vie.

Je ne puis passer sous silence la théorie célèbre de M. de Maistre sur l'*institution divine* de la guerre.

Il pose d'abord ce principe : « L'homme étant donné avec sa raison, ses sentiments et ses affections, il n'y a pas moyen d'expliquer comment la guerre est possible humainement (1). »

Les ordres des chefs et l'amour de la gloire n'expliquent rien. Ici le brillant écrivain fait un parallèle au moins étrange entre le bourreau et le soldat, « ces deux tueurs de profession ». Il donne la préférence au bourreau qui tue des criminels, tandis que le soldat tue des innocents, cependant celui-ci est honoré,

____

(1) *Soirées de Saint-Pétersbourg*, septième entretien.

4.

tandis que le premier est méprisé. Comment donc expliquer cette anomalie?

La première raison de l'honneur qui entoure le soldat, c'est que son métier perfectionne l'homme. Les militaires sont plus aimables, plus faciles, plus obligeants que les autres hommes. Même dans le combat ils ne sont pas cruels; « au milieu du sang qu'ils font couler, ils sont humains comme l'épouse est chaste dans les transports de l'amour. » Mais ce qui surtout leur donne droit à notre vénération, c'est qu'ils sont les agents les plus actifs de cette grande loi de l'extermination qui « pèse sur l'Univers ».

Tous les êtres se tuent les uns les autres : « Cette loi s'arrêtera-t-elle à l'homme? non sans doute. Cependant quel être exterminera celui qui les extermine tous? Lui. C'est l'homme qui est chargé d'égorger l'homme. » Comment s'y décidera-t-il, lui qui est naturellement miséricordieux? C'est que tout à coup « il sera saisi d'une fureur *divine* étrangère à la haine et à la colère et il fera avec enthousiasme ce qu'il a en horreur ». — « La guerre est donc divine en elle-même, puisque c'est une loi du monde. »

Hé quoi! parce que c'est une loi du monde

que l'homme tue les animaux pour se nourrir, ce sera aussi, et au même titre, une loi
du monde, c'est-à-dire une loi divine, que les
hommes s'égorgent entre eux? Mais où donc
M. de Maistre a-t-il vu que tuer un homme,
est une extension de la loi qui permet à un
cuisinier de saigner un poulet?

Et c'est sur cet étrange sophisme que M. de
Maistre s'appuie pour affirmer que la guerre
est divine en elle-même, dans ses conséquences, dans la gloire qui l'environne, dans
la protection accordée aux grands capitaines
« rarement frappés dans les combats », dans
la manière dont elle se déclare et enfin dans
ses résultats « qui échappent absolument aux
spéculations de la raison humaine ».

Je n'ai pas besoin de dire que M. de Maistre
n'apporte pas la moindre preuve en faveur de
ses affirmations, qui révoltent autant le sentiment chrétien que la raison droite et éclai-
rée.

Dans un autre de ses ouvrages (1), M. de
Maistre énumère les massacres qui ont en-
sanglanté l'histoire depuis le déclin de la
république romaine, et il en déduit des con-

(1) *Considérations sur la France*, ch. III.

clusions plus effrayantes encore que ses principes.

D'abord « il y a lieu de douter, dit-il, que cette destruction violente soit, en général, un aussi grand mal qu'on le croit ». Il y a, en effet, de précieuses compensations.

Le genre humain est comme un arbre dont un jardinier habile coupe des branches pour lui faire produire plus de fruits : « Or les véritables fruits de la nature humaine, les arts, les sciences, les grandes entreprises, les hautes conceptions, les vertus mâles tiennent surtout à l'état de guerre. On sait que les nations ne parviennent jamais au plus haut point de grandeur dont elles sont susceptibles, qu'après de longues et sanglantes guerres... on dirait que le sang est l'engrais de cette plante qu'on appelle le génie. » Ne croirait-on pas, en vérité, que M. de Maistre est possédé de la monomanie sanguinaire?

Il faut donc, pour qu'un peuple parvienne au plus haut point de grandeur dont il est susceptible, qu'il extermine les autres nations et que les cadavres de ses enfants aillent pourrir sur un champ de bataille pour engraisser la terre où germera cette plante qu'on appelle le génie! N'est-ce pas pousser jusqu'au paradoxe atroce les avantages particuliers fort souvent contestables et toujours limités que procurent certaines guerres ?

Si, d'ailleurs, le génie germait à ce prix (et jamais une semblable démonstration ne sera faite), je dirais à M. de Maistre : le génie est une plante qui coûte trop cher, l'humanité n'a pas le droit de l'acheter.

Un chrétien doit repousser avec horreur ces théories barbares qui font si bon marché de la vie humaine ; il s'efforce, au contraire, à l'exemple de l'Église, de propager les idées de pacification et il tend la main à quiconque est pénétré du respect qu'inspire, à tous les cœurs généreux, la sainteté du droit à la vie.

Élever les enfants dans cette conviction que l'étranger n'est pas nécessairement un ennemi ; prôner, par tous les moyens, sans se lasser jamais, l'idée d'un arbitrage entre les nations ; ne pas attiser, sous prétexte d'un patriotisme de convention, le feu de la discorde entre les peuples, et enfin éclairer le redoutable problème à la douce et pure lumière de l'Évangile, tels sont les meilleurs moyens de guérir cette plaie dont l'humanité a trop longtemps souffert.

Au sujet de la peine de mort et du duel qui

se rattacheraient naturellement à la thèse précédente, je n'ignore pas tout ce qui a pu être dit pour ou contre, mais ces controverses délicates et complexes m'entraîneraient dans des développements que je préfère éviter ici. En ce qui concerne la peine de mort, le problème est si grave que j'hésite à me prononcer et, dans mon horreur pour l'effusion du sang humain, je me contente de citer cette belle lettre que saint Augustin écrivait à Macédonius, évêque d'Afrique :

« Nous n'approuvons nullement les fautes dont nous voulons qu'on se corrige, et ce n'est pas parce que le mal nous plaît que nous réclamons l'indulgence pour le mal. Mais nous avons pitié du criminel, tout en détestant le crime. Plus nous haïssons le vice, moins nous voulons que les vicieux périssent avant de s'être amendés. Il est commun et naturel de haïr les méchants; mais c'est chose rare et pieuse de les aimer parce qu'ils sont hommes, de telle sorte que, dans la même personne, nous blâmions la faute et relevions la nature humaine. Nous haïssons le mal avec d'autant plus de justice qu'il aura souillé cette nature que nous aimons. Poursuivre le crime et vouloir en délivrer le criminel, ce n'est pas s'engager dans le lien de l'iniquité, mais dans le lien de l'humanité. Il n'y a pas d'autre endroit que ce monde où l'on puisse se corriger, car, après cette vie, chacun n'aura que ce qu'il aura amassé. C'est donc l'amour des hommes qui nous fait intercéder pour les coupables, de peur que le supplice qui termine leur vie n'aboutisse à un supplice sans fin (1)... »

Je ne dirai qu'un mot de ce reste de barbarie qu'on appelle le duel. Sauf le cas de légitime défense, un homme, de son autorité privée, n'a certainement pas le droit d'attenter, pour quelque raison que ce soit, à la vie de son semblable. Les théories mondaines n'infirmeront jamais ce principe incontestable. Il est, d'ailleurs, inadmissible que, dans une société régulièrement constituée, il soit permis de se faire justice à soi-même.

(1) *Saint Augustin*, par Ad. Hatzfeld.

CHAPITRE III

LE MÉPRIS DU DROIT A LA VIE. — LES SIÈCLES FÉROCES

La guerre de conquête qui, depuis deux ans, ensanglante l'Afrique méridionale, a soulevé l'indignation de l'Europe. Grâce à Dieu, nous n'avons plus le culte de la force brutale et les vœux de tous les honnêtes gens accompagnent le petit peuple héroïque dont le courage indomptable lutte pour le droit et pour sa liberté.

Malgré le triste exemple que donne au monde civilisé la cupidité insatiable d'un grand empire, nous sommes en progrès, si nous comparons notre temps aux siècles passés. Dans les circonstances solennelles qui fournissent aux chefs d'État l'occasion de faire entendre leur voix et de prononcer ces paroles que répètent tous les échos du monde, ils affirment hautement leur désir de voir une paix durable cimenter l'union des peuples. Jamais peut-être, à aucune époque de l'histoire, la paix n'a plus été ardemment souhaitée.

Il n'en fut pas toujours ainsi.

Les guerres de la Révolution et de l'Empire sont relativement trop récentes pour qu'il soit nécessaire d'en rappeler le souvenir. Mais reportons nos regards plus loin dans notre histoire ; méditons la leçon que nous donnent, en particulier, les quatorzième et quinzième siècles, nous serons effrayés de voir à quels excès peut en arriver le mépris du droit et à quel point on tenait peu compte de la vie humaine.

La guerre de Cent Ans imprima aux mœurs, déjà très rudes, un caractère de férocité dont nous pouvons difficilement nous faire aujourd'hui une idée juste. On s'habitua à être inhumain et la facilité à verser le sang persista longtemps encore après la cessation des hostilités. Quand, pendant si longtemps, l'épée est sortie du fourreau, il est difficile de l'y faire rentrer.

Édouard III, petit-fils de Philippe le Bel par sa mère Isabelle, réclama la couronne de

France, adjugée à Philippe VI de Valois.

Sur ces entrefaites, Robert d'Artois, arrière-petit-neveu de saint Louis, se réfugia en Angleterre : ses crimes l'avaient fait condamner à la confiscation de ses biens et à l'exil. Il ne cessa d'exciter Édouard à la guerre contre la France : « Sire, lui disait-il, en parcourant avec lui les bruyères d'Écosse, laissez ce pauvre pays et songez à la noble couronne de France. » Le roi d'Angleterre se laissa persuader : telle fut la cause de la guerre de Cent Ans.

C'est l'époque la plus lamentable de notre histoire (1) : les quatorzième et quinzième siècles furent des siècles féroces.

Les meurtres, les incendies, les violences de toutes sortes, la peste noire, les désastres de Crécy, de Poitiers et d'Azincourt, le traité de Brétigny, le grand schisme, la démence de Charles VI, le honteux traité de Troyes, la guerre civile des Armagnacs et des Bourguignons, en un mot toutes les infortunes pos-

----

(1) Lire le très savant ouvrage du P. Denifle, *la Désolation des églises, monastères et hôpitaux en France pendant la guerre de Cent Ans.* Paris, chez A. Picard, 82, rue Bonaparte. L'auteur raconte, avec une prodigieuse érudition, les détails des atrocités, des malheurs sans nombre qui couvrirent alors notre pays de sang et de ruines.

sibles accumulées, tel est le bilan de ces deux siècles si malheureux que, malgré le répit accordé à la France par la sage administration de Charles V, on ne verra probablement jamais d'aussi effroyables calamités. Le P. Denifle n'exagère pas quand il termine son poignant récit en disant : « Quand on considère l'ensemble de tous les maux racontés dans mon ouvrage, on ne s'imagine pas aujourd'hui comment il était possible d'en sortir. Que sont les malheurs d'aujourd'hui en comparaison de ceux d'alors ? »

Après la bataille de Crécy, engagée au nom de Dieu et de monseigneur saint Denis, Édouard III se dirigea sur Calais. Durant leur marche, ses soldats dévastèrent le pays jusqu'à huit lieues à la ronde, et, pendant le siège, ils brûlèrent quatorze bourgs et villages entre Calais et Saint-Omer.

Tandis que les Anglais pillaient au nord, l'Est (Bourgogne, Franche-Comté) et le Midi (Roussillon) étaient dévastés par les guerres privées entre les grands seigneurs du pays. Comme si la fureur des hommes n'eût pas suffi, la *peste noire* vint s'ajouter à toutes ces horreurs.

Plus de cent mille personnes moururent à

Rouen ; à Paris, il y eut environ huit cents décès par jour pendant un an et demi ; en trois jours, Avignon perdit près de quatre mille habitants, la célèbre Laure chantée par Pétrarque fut au nombre des victimes ; en Provence et dans le Languedoc, la peste enleva les deux tiers de la population. La mortalité fut telle que les terres restèrent en friche pendant plusieurs années.

« Désormais et jusqu'à la fin de la guerre de Cent Ans, dit le P. Denifle, les mots de mortalité, de peste, de disette, de guerres s'accumulent lugubrement dans les plaintes incessantes sur les malheurs de la France. »

Philippe VI, prince léger, imprévoyant et hautain, n'était pas homme à guérir les maux de la patrie. Au milieu de la désolation universelle, il aimait les tournois, les voyages, les fêtes royales ; pour subvenir à ses dépenses, il altérait les monnaies et instituait la *gabelle*. Une ordonnance de 1343 établit que nul ne pourra vendre du sel qu'après l'avoir acheté aux greniers du roi à un prix fixé par le roi lui-même.

Le mal empira encore sous le règne du roi Jean, le vaincu de Poitiers. Il commença par distribuer à ses favoris l'argent du trésor royal, et il altéra les monnaies jusqu'à dix-huit fois en une seule année. Avant d'aller combattre à Poitiers, le Prince Noir pilla, mit à feu et à sang tout le sud-ouest de la France : « C'était, dit le P. Denifle, plutôt l'invasion d'une forte armée de brigands pillant le pays sans défense, faisant le plus de butin possible, qu'une expédition guerrière en règle (1). » En remontant vers Poitiers, les Anglais saccagèrent le Rouergue, l'Auvergne, le Limousin ; ils brûlaient tout sur leur passage : après le désastre de Poitiers, la situation de la France sembla désespérée.

Le prévôt des marchands Étienne Marcel se mit à la tête d'un mouvement populaire qui aboutit à la grande ordonnance de 1357 ; mais le Dauphin, régent du royaume pendant la captivité du roi Jean, ayant aggravé la situation, déjà si critique, par une nouvelle altération des monnaies, Étienne Marcel fit assassiner deux de ses principaux conseillers. Ce fut le signal d'une guerre civile entre la noblesse et la bourgeoisie, tandis que Phi-

---

(1) Dans l'Armagnac et le comté d'Astarac, les Anglais brûlèrent Plaisance, Seissan, Aignan, Samatan... Dans sa marche vers Mirande, le Prince Noir s'arrêta à l'abbaye de Berdoues abandonnée par les moines.

lippe de Navarre, frère de Charles le Mauvais, promenait des bandes de pillards jusques aux portes de Paris. Pour que rien ne manquât aux malheurs de ces temps atroces, les *grandes compagnies*, c'est-à-dire les soldats licenciés après Poitiers, se livrèrent à tous les excès : « Bon nombre de leurs capitaines étaient des cadets des plus grandes maisons et appartenaient à la noblesse féodale qui, alors, ne connaissait autre chose que guerroyer et jouir d'une indépendance absolue. Une foule d'aventuriers et de gens sans aveu venaient se joindre à eux. Les scrupules de conscience étaient inconnus à ces gens-là. Tantôt ils dépouillaient quelque riche marchand, tantôt un évêque opulent, un abbé ou un prieur, prévôt ou chanoine... Quelles énormes rançons ces brigands imposaient parfois à leurs victimes, par quelles tortures ils les faisaient passer pour en obtenir les sommes demandées (1) ! » Ils brûlaient les maisons, coupaient les arbres, déshonoraient les femmes, tuaient les vieillards et les enfants et parfois ils torturaient leurs victimes avec les raffinements d'une cruauté sauvage.

(1) Père Denifle, *op. cit.*

La *Jacquerie* vint mettre le comble à ces infortunes : « Jean de Venette rapporte que vers l'an 1356, les nobles et chevaliers, pour tourner en dérision la simplicité des paysans et des pauvres gens, leur donnaient le surnom de *Jacques Bonhomme*. Il est vrai que ce sobriquet ne fut d'abord donné qu'à ceux qui portaient les armes à la manière des paysans, mais bientôt il fut appliqué, par les Anglais, aussi bien que par les Français, à tous les paysans sans distinction, qu'on nommait aussi tout simplement les jacques, de même que tout le mouvement de l'an 1358 dont je vais parler s'appela la jacquerie.

« Parmi les causes qui, en 1358, provoquèrent la révolte des jacques en Beauvaisis, une des moindres ne fut assurément pas l'oppression et le mépris dont ils étaient l'objet de la part des nobles. Ceux-ci, que la défaite de Poitiers eût dû rendre plus modestes, étaient devenus, au contraire, plus fastueux et plus effrontés ; en outre, la bizarrerie et le luxe de leurs nouveaux costumes tendaient à rendre de plus en plus sensible la distance qui les séparait des paysans. Jean de Venette parle à différentes reprises de la dureté et de l'arrogance des nobles. Déjà en butte aux vexations des ennemis, les paysans se voyaient encore opprimés par ceux qui auraient dû les protéger, et c'est à eux surtout que les conséquences de la bataille de Poitiers se firent plus douloureusement sentir. Ils furent alors envahis par toutes sortes de misères. Jamais les campagnes ne présentèrent un aspect aussi désolé. Dans le Beauvaisis, plus qu'ailleurs, les vignes ne furent plus cultivées ; les champs ne furent ni ensemencés, ni labourés ; les bœufs ni les brebis n'allaient plus aux pâturages. Les seigneurs surchargeaient le peuple de souffrances, lui extorquant sa subsistance et sa pauvre vie. Quoiqu'il restât bien peu de bétail grand ou petit, ils en exigeaient encore une redevance pour chaque tête : dix sous par bœuf, quatre ou cinq par brebis, et, malgré cela, ils ne se mettaient que rarement en peine de protéger ceux qu'ils exploitaient si impitoyablement. Voilà comment les paysans pillés et opprimés de toute part et abandonnés de tous, en vinrent enfin à la révolte (1). »

On comprend donc l'exaspération des paysans. La Jacquerie fut « une grand mer-

(1) Père Denifle, *op. cit.*

veilleuse tribulation en plusieurs parties du royaume de France, dit Froissart. Oncqués n'advint entre chrétiens et Sarrasins telle forcenerie que ces gens faisoient, ni qui fissent plus de maux et de plus vilains faits et tels que créature ne devroit penser, aviser, ni regarder ». Froissart cite quelques hauts faits des jacques, entre autres celui-ci : « Ils tuèrent un chevalier et boutèrent en une broche, et le tournèrent au feu devant la dame et ses enfants. Après que dix ou douze eurent la dame efforcée et violée, ils les en voulurent faire manger par force, et puis les tuèrent et firent mourir de male mort. »

A leur tour, les nobles firent la chasse aux paysans et ne se montrèrent guère plus humains que les jacques ; ils en tuèrent plus de vingt mille : « On les abattait à grands monceaux, dit Froissart, et tuait ainsi que des bêtes... Depuis cette déconfiture ne se rassemblèrent-ils nulle part. »

Quel pouvait être le sort des populations au milieu de ces sanglants événements ? Même après l'apaisement relatif qui suivit la mort d'Étienne Marcel et la paix entre le Dauphin et Charles le Mauvais, on en était réduit à transformer les églises en forteresses pour se garantir des *routiers* anglais et français; chaque petite ville était une place forte dont les habitants vivaient dans des transes perpétuelles. A un signal donné par le guetteur qui, du haut du clocher, surveillait les allées et venues des pillards, les travailleurs des champs fuyaient en toute hâte et venaient se réfugier derrière les murailles. Ceux qui n'avaient pas cet abri se cachaient dans des souterrains ou se retiraient, pendant la nuit, dans des barques amarrées au milieu des rivières.

Après le traité de Brétigny, le roi Jean rentra en France moyennant une rançon de 3 millions d'écus d'or. Pour payer le premier terme de cette dette, le roi, au prix de 600 000 florins, livra sa fille Isabelle, âgée de onze ans, au neveu de ce féroce Jean Galéas Visconti qui faisait la chasse aux hommes dans les rues de Milan et les jetait vivants dans des fours.

Par une ordonnance du 5 décembre 1361, Jean annonça la levée de nouveaux impôts, et, tandis que le peuple était littéralement écrasé sous le faix de malheurs sans nombre, « il cheminait à petites journées et à grands dépens » pour aller recueillir à Dijon le riche héritage du duché de Bourgogne laissé vacant par la mort de Philippe dé Rouvres et qui devint l'apanage de Philippe le Hardi, premier duc de Bourgogne de la maison de Valois. De Dijon, le roi descendit à Avignon où des fêtes continuelles le retinrent pendant six mois. Quand il apprit que son fils, le duc d'Anjou, otage du roi d'Angleterre, s'était enfui, il partit aussitôt pour Londres où il passa l'hiver « en soupers, dîners et autres manières », dit Froissart ; si bien qu'il en mourut, deux mois après, à l'âge de quarante-quatre ans.

La France était à l'agonie. Dieu en eut pitié. Après le règne néfaste de Jean le Bon, il lui donna le gouvernement réparateur de Charles V, comme, après Charles VI, il lui donnera Jeanne d'Arc.

Parmi les rois qui ont gouverné la France, Charles V, qui a si bien mérité d'être appelé Charles le Sage, est un de ceux dont le nom doit vivre à jamais dans la mémoire reconnaissante des peuples.

Il commença son règne sous de tristes auspices.

Les grandes compagnies continuaient leurs dévastations ; il en délivra le pays en les envoyant guerroyer en Espagne sous le commandement de Du Guesclin. Quand ils traversèrent Avignon, les terribles compagnons vinrent demander au Pape l'absolution de leurs péchés, mais surtout 200 000 livres qu'Urbain V se garda bien de leur refuser. Les Anglais avaient recommencé leurs hostilités ; le Prince Noir s'empara de Limoges et fit massacrer, en un seul jour, trois mille personnes, hommes, femmes, enfants : « Dieu en ait les âmes, dit Froissart, car ils furent bien martyrs. »

Charles V n'était pas guerrier, il l'avait montré à la bataille de Poitiers ; mais il possédait, au plus haut degré, les qualités qui relèvent les États : la prudence, le bon sens, un grand amour du bien public.

Tandis que, malingre, faible et souffreteux, il s'enferme avec des *clercs solennels* dans son château de Vincennes ou dans l'hôtel Saint-Pol, il confie son épée à Du Guesclin, à Olivier de Clisson, à Boucicaut ; ses clercs dictent ou interprètent les traités ; ses ordonnances débrouillent le chaos où se débattait la France ; il prend la défense des vilains et des manants, il réprime la turbulence des grands seigneurs ; son économie et sa probité mettent de l'ordre dans les finances ; il diminue les impôts, il or-

ganise les bourgeois en compagnies d'arbalé-
triers; il discipline les armées, renouvelle
l'alliance si utile de l'Écosse et de la France,
se met en mesure de déchirer le traité de Brétigny, et, quand il croit le moment venu, il fait
porter son défi au roi d'Angleterre, en plein
Parlement, par un de ses marmitons. En 1377,
il met sur pied cinq armées; il conquiert toute
la Guyenne et il ne reste plus aux Anglais que
Bayonne, Bordeaux, Brest, Cherbourg et Calais.

Charles V mourut à quarante-trois ans; sa
mort fut un immense malheur: son fils était
à peine âgé de douze ans. La régence revenait
de droit à son oncle le duc d'Anjou, prince
cupide et cruel qui, étant gouverneur du
Languedoc, avait condamné, l'année précédente, dans la seule ville de Montpellier,
deux cents personnes à la potence, deux cents
au bûcher, deux cents à la décollation, dix-
huit cents à la confiscation de leurs biens.
Le roi avait, il est vrai, annulé cette sentence, enlevé à son frère le gouvernement
de la province; mais ce fait révèle quels
étaient ces temps et permet de prévoir les
violences qui vont être commises.

Elles furent effroyables.

A peine Charles V venait-il de rendre le dernier soupir que le duc d'Anjou s'empara du trésor royal, et, de concert avec ses deux frères, les ducs de Berry et de Bourgogne, il créa de nouveaux impôts qui provoquèrent l'émeute des *maillotins*. Le duc de Berry s'adjugea le gouvernement du Languedoc, et il y commit de tels excès que les paysans recommencèrent une Jacquerie.

Le duc de Bourgogne alla réprimer la révolte de ses futurs sujets des Flandres; il en tua vingt-six mille à la bataille de Roosebeke et, au retour, pour contenir les Parisiens, on fit mourir par la corde ou la hache trois cents des plus riches bourgeois; on imposa à la ville une contribution d'environ 20 millions d'aujourd'hui; il n'en entra pas un tiers dans les coffres du roi.

Sur le conseil de Pierre de Montaigu, cardinal de Laon, le jeune roi se décide à enlever à ses oncles le gouvernement du royaume pour le confier aux *Marmousets;* c'est ainsi que les grands seigneurs appelèrent avec mépris, Olivier de Clisson, Bureau de la Rivière, Jean de Novian, Le Bègue de Vilaines, braves gens qui essayèrent de remédier aux maux du pays. Ils arrachèrent au duc de

Berry le gouvernement du Languedoc, dont quarante mille habitants s'étaient expatriés pour échapper à ses rapines ; ils mirent un peu d'ordre dans les finances et s'attirèrent ainsi la haine de ceux qui auraient voulu continuer le pillage. Pierre de Craon fut l'instrument de leurs vengeances ; il essaya d'assassiner Olivier de Clisson et se réfugia en Bretagne pour se soustraire à la colère du roi. Charles VI leva une armée pour aller punir le coupable ; c'est dans cette expédition qu'il fut subitement atteint de folie. Ses oncles s'emparèrent de l'administration du royaume.

Jean sans Peur ambitionna de jouer, auprès de Charles VI, le rôle de conseiller tout-puissant qu'avait rempli son père Philippe le Hardi ; mais le duc d'Orléans, frère du roi, jouissait auprès de la reine Isabeau de Bavière d'une influence qui faisait obstacle aux projets de Jean sans Peur. Leur rivalité allait dégénérer en guerre civile, lorsque le vieux duc de Berry s'interposa. Le duc d'Orléans et Jean sans Peur s'embrassèrent, communièrent ensemble le 20 novembre 1407 : trois jours après, le duc de Bourgogne qui, depuis plus de quatre mois, méditait le coup, fit assassiner le duc d'Orléans. Le lendemain du meurtre, il alla, avec les autres princes, jeter de l'eau bénite sur le cadavre de sa victime et il pleura.

Ce meurtre fut le signal de l'horrible guerre civile des Armagnacs et des Bourguignons : un fils du duc d'Orléans épousa Bertrande, fille du comte d'Armagnac, qui prit fait et cause pour les d'Orléans.

Les meurtres et les pillages recommencèrent. L'Université et la bourgeoisie essayèrent de pacifier l'État, et, pour maîtriser les fureurs des Armagnacs, on s'adressa au comte de Saint-Pol qui arma la corporation des bouchers. A la suite de leur chef, l'assommeur Caboche, les bouchers se livrèrent à de tels excès que ceux dont ils avaient d'abord servi les intérêts en eurent honte, et ils appelèrent les Armagnacs pour réprimer les violences de la populace. Les Armagnacs dépassèrent le but en supprimant l'*ordonnance cabochienne*, œuvre des docteurs et des jurisconsultes et qui contenait d'excellentes réformes administratives.

C'est dans ces tristes conjonctures que se livra la funeste bataille d'Azincourt (1415).

Trois ans après, en 1418, les Armagnacs étant maîtres de Paris, les Bourguignons s'en emparent par surprise ; ils emprisonnent tous les Armagnacs qui tombent entre leurs mains.

6.

L'Armagnac Tanneguy-Duchâtel, s'étant aperçu que les Bourguignons sont encore peu nombreux dans Paris, appelle en toute hâte les garnisons des villes voisines et essaye de reprendre la ville. Il est battu par les troupes du prévôt Guy de Bar. Cette victoire est le signal d'un horrible massacre des Armagnacs. On fouille les maisons, on tue tous ceux qu'on trouve, on les assomme à coups de hache dans les rues, on s'acharne sur leurs cadavres. La foule se rassemble sur la place Maubert, envahit la prison du prieuré Saint-Éloi, où les Armagnacs étaient prisonniers ; tous sont massacrés. A la prison du petit Châtelet, on fait l'appel des détenus et on les abat à coups de hache à mesure qu'ils sortent : les évêques de Coutances, de Senlis, de Bayeux et d'Évreux sont parmi les victimes. Les prisonniers du grand Châtelet se défendent pendant deux heures, on les enfume et leurs corps sont jetés par les fenêtres. Trois autres prisons sont le théâtre des mêmes scènes sauvages ; dans les cours, on avait du sang jusqu'à la cheville. On ne se contente pas de massacrer des Armagnacs ; des prisonniers pour dettes, des femmes, des enfants sont égorgés. On taille sur les cadavres des bandes de peau pour rappeler l'écharpe blanche des Armagnacs ; tout le monde prend l'écharpe rouge des Bourguignons, et la terreur est telle que les prêtres eux-mêmes refusent la sépulture ecclésiastique aux cadavres des Armagnacs.

Jean sans Peur arrive enfin pour essayer d'arrêter les flots de sang qui coulent ; une épidémie se déclare et la populace, plus furieuse encore, se venge sur les malheureux oubliés lors des derniers massacres.

Pendant ce temps, les Anglais prennent Rouen et les Armagnacs assassinent Jean sans Peur, sur le pont de Montereau.

La coupe des malheurs et de la honte fut pleine jusqu'aux bords. Pour venger la mort de son père, Philippe, nouveau duc de Bourgogne, signa, avec l'infâme Isabeau de Bavière, le traité de Troyes qui déshéritait Charles VII et livrait la France à Henri V d'Angleterre.

Les grandes lignes de l'histoire suffisent pour donner une idée des épouvantables malheurs qui pesaient alors sur la France, et cependant l'horreur redouble, si cela est possible, quand on s'arrête à quelques détails qui, plus encore que les vues générales, permettent de mesurer la profondeur de l'abîme.

En 1421, le roi d'Angleterre était venu assiéger Meaux. La garnison de cette ville était la terreur du pays. Le plus terrible de ses chefs, un Armagnac, le bâtard de Vaurus se livrait à des cruautés de bête féroce. Il parcourait les campagnes, prenait les laboureurs, les attachait à la queue de son cheval et les ramenait à Meaux pour les mettre à rançon. Quand il n'en pouvait rien tirer, il les faisait pendre.

Un jour, il s'empara d'un jeune laboureur nouvellement marié; il lui fit subir une cruelle torture pour lui extorquer de l'argent. Le jeune homme fit savoir à sa femme les tourments qu'il endurait et quelle somme on exigeait de lui. Malgré sa grossesse avancée, elle se rendit à Meaux pour essayer d'adoucir le bourreau, mais Vaurus lui signifia que si, tel jour, elle n'apportait pas l'argent, son mari serait pendu.

Elle ne put se procurer la somme que huit jours après le terme fixé; elle courut à la ville et s'évanouit en arrivant, car les douleurs de l'enfantement commençaient à se faire sentir. En reprenant ses sens, elle demanda à voir son mari : « Payez d'abord, lui dit-on, vous le verrez ensuite. » Quand elle eut fini de compter la somme, on lui dit que son mari avait été pendu. Ses cris, sa douleur, ses reproches importunèrent Vaurus qui la fit mettre à moitié nue, conduire à coups de bâton à l'arbre où se balançait le corps de son mari ; on l'y attacha si fortement que les cordes lui entraient dans la chair. La nuit arriva ; les pieds du pendu venaient toucher le front de la malheureuse. On entendait, de la ville, ses gémissements et ses cris d'effroi, personne n'osa venir à son secours, mais les loups l'entendirent aussi et, le lendemain, on la trouva à moitié dévorée ; les loups avaient ouvert ses entrailles et mangé son enfant.

L'indolent Charles VII semblait s'accommoder de son titre de *Roi de Bourges*, mais tandis que, sans se préoccuper de l'état lamentable du royaume, il traînait sa petite cour de châteaux en châteaux sur les bords de la Loire, la flamme de l'amour de la Patrie s'alluma dans le cœur d'une jeune fille. La rayonnante figure de Jeanne d'Arc éclaire d'une vive et douce lueur ces temps si sombres. Elle imprima au sentiment français une impulsion irrésistible et lorsque, plusieurs années après la mort de la Pucelle, Charles VII entra triomphalement dans Bordeaux, le 19 octobre 1453, les Anglais ne possédaient en France que Calais ; la guerre de Cent Ans était finie et le rêve de Jeanne d'Arc était réalisé.

Deux lourdes fautes, deux actes de noire ingratitude pèseront éternellement sur la mémoire de Charles VII : le lâche abandon de Jeanne d'Arc et la condamnation de Jacques Cœur. Il faut cependant lui savoir gré de la réorganisation de l'armée effectuée par l'ordonnance d'Orléans en 1439 et qui tenta de mettre un terme aux déprédations des hommes de guerre. On les désignait sous les noms significatifs de *houspilleurs, écorcheurs, retondeurs;* les chefs n'étaient pas moins féroces que les soldats, témoin ce Jean de Luxembourg qui, pour habituer à la guerre son neveu le comte de Saint-Pol, lui faisait égorger quatre-vingts prisonniers. On dit que cette boucherie amusa beaucoup le précoce scélérat.

Il faut lire dans le *Journal d'un Bourgeois de Paris* les exploits des *écorcheurs* « qui faisaient guerre au pauvre peuple si forte, que on n'osait sortir hors des bonnes villes, et quelques personnes qu'ils rencontrassent ils lui demandaient qui vive. S'il était de leur parti, il n'était seulement dérobé de quant qu'il avait; et s'il était d'autre parti, il était tué et dérobé, ou mené en prison, dont jamais il ne sortait tant était tiré à la géhaine et mis à grand rançon que jamais ne la pouvait payer, et par cette cause mourait dans leurs prisons. » Le Bourgeois de Paris pense qu'ils ont bien mérité leur nom d'écorcheurs, « car partout où ils passaient ne venait rien après eux ne que après feu ».

Les loups se mettaient de la partie; ils circulaient souvent dans les rues de Paris où ils prenaient les chiens, les enfants et attaquaient les grandes personnes. « La vigile de Saint-Martin fut tant chassé un loup terrible et horrible, qu'on disait que lui tout seul avait fait plus des douleurs devant dites que tous les autres; celui jour fut pris et n'avait point de queue, et, pour ce, fut nommé Courtaut, et parlait-on autant de lui comme on fait du larron de bois ou d'un cruel capitaine. »

La guerre aux Anglais servait de prétexte à des exactions de toutes sortes; parfois « les gouverneurs » s'emparaient de tous les vases sacrés des églises. Les famines n'étaient pas rares, les pauvres gens alors mouraient par milliers : « En cet an 1437 furent les blés et autres grains si chers par toutes les parties du royaume de France et divers lieux et pays de chrétienté, que ce qu'on avait aucunes fois donné pour quatre sous, monnaie de France, on le vendait quarante, ou au-dessus. A laquelle cherté fut si grande famine universelle que grand multitude de pauvres gens moururent par indigence. Et était moult douloureuse et piteuse chose à les voir es bonnes villes mourir de faim, gésir sur les fumiers par grandes compagnies (1). » Les Parisiens soupiraient après l'entrée du roi dans sa bonne ville. Il leur semblait que la présence de Charles VII serait un adoucissement à tant de maux. Aussi « quand il vint à Paris, lequel y vint le lendemain de la fête de Saint-Martin d'hiver, l'an 1438, dont on fit aussi grande fête comme on pouvait faire à Dieu ; car à l'entrée de la bastide de Saint-Denis par où il entra, tout armé au cler et le Dauphin, jeune d'environ dix ans, tout armé comme son père le roy, à l'entrée les bourgeois lui mirent un ciel sur sa tête que on a à la Saint-Sauveur à porter Notre-Seigneur..... et fit on moult grande joie cette nuit comme de bucciner, de

(1) Chroniques de Monstrelet.

faire feux en-my les rues, danses, manger et boire et de sonner plusieurs instruments. Ainsi vint le roy à Paris comme devant est dit. »

Cette joie fut de courte durée, car « le roy se départit de Paris le troisième jour de décembre 1438 sans que nul bien fit à la ville de Paris pour lors ; et semblait qu'il ne fut venu seulement que pour voir la ville ». Il se retira en Berry et « ne tint compte ni de la cité de Paris, ne de l'Ile de France, ne de la guerre, ne de son peuple, ne que s'il fut prisonnier des Sarrasins (1) ».

Si j'écrivais l'histoire de Louis XI, je dirais qu'il réunit onze provinces au domaine de la Couronne ; qu'en poursuivant la ruine des grandes maisons féodales, il a été l'agent le plus actif de l'unité nationale ; que, grâce à lui, la France n'est pas devenue une confédération de principautés indépendantes ; mais mon but est uniquement de glaner, çà et là, les faits qui sont de nature à nous faire comprendre la condition des peuples dans ces temps si durs.

(1) *Journal d'un Bourgeois de Paris.*

Charles VII, qui connaissait bien son fils aîné, avait songé à transférer la couronne à son second fils ; il avait même consulté le Pape à ce sujet, mais en grand secret, car on disait déjà : « Ceux qui déplaisent au Dauphin Louis ne vivent guère. »

Quand il vint à Reims pour son sacre, Louis XI, pauvrement vêtu et humble en paroles, fut éclipsé par le faste de son bel oncle de Bourgogne à qui il promit tout ce que le bel oncle lui demanda : la nomination de vingt-quatre conseillers au Parlement ; le transit des marchandises, à condition que le Parlement enregistrerait cette concession ; or le Parlement n'enregistra pas et les conseillers nommés par Philippe le Bon ne siégèrent jamais.

Après la cérémonie du sacre, les gens de la commune de Reims vinrent le supplier de diminuer les tailles, gabelles et autres impôts, non seulement dans leur ville, mais aussi dans tout le royaume. D'un air bonhomme et avec cette faconde intarissable qui ne manquait jamais l'occasion de placer un discours, Louis XI répondit : « Je vous remercie, mes bons et chers amis, de me faire de telles remontrances ; je n'ai rien plus à cœur que de faire cesser toutes sortes d'exactions et de remettre le royaume *dans ses anciennes libertés*. Je viens de passer cinq ans dans le pays de mon oncle de Bourgogne. Là, j'ai vu de bonnes villes bien riches, pleines d'habitants, des gens bien vêtus, bien logés, bien meublés, ne manquant de rien ; le commerce y est grand, les communes y ont de beaux privilèges. Quand je suis entré dans mon royaume, j'ai vu, au contraire, des maisons en ruine, des champs sans labourages, des hommes et des femmes en guenilles, des visages maigres et pâles. C'est une grande pitié et j'en ai l'âme remplie de chagrin. Tout mon désir est d'y porter remède, et, avec l'aide de Dieu, nous en viendrons à bout. »

Les habitants de Reims crurent bonnement que Louis XI allait diminuer les impôts, aussi ils refusèrent de payer quand on voulut les renouveler. Selon la mode du temps, ils tuèrent les agents du fisc. Le roi envoya le maréchal Rohaut, qui fit écarteler les meneurs et pendre une centaine de bourgeois. On était averti qu'il ne fallait pas ajouter une foi aveugle aux promesses du roi Louis.

Ce roi, si jaloux de son pouvoir, n'en aimait que la réalité ; il laissait la pompe et l'éclat au bel oncle de Bourgogne et, pour lui, vêtu d'un habit de gros drap, coiffé d'un vieux chapeau, il prenait, quand il entrait dans les villes, des rues détournées pour éviter celles qu'on avait ornées en son honneur. Il fuyait les somptueuses demeures et descendait de préférence chez les bourgeois; il contait ou faisait conter de joyeuses histoires et, avec une gaieté toute populaire, riait de bon cœur avec les petites gens. Malgré ce laisser-aller si peu royal, les petites gens, comme les plus grands seigneurs, ne pouvaient pas oublier qu'il était le roi. Pour s'en souvenir, les premiers avaient les potences plantées le long des chemins où se balançaient les corps des manants, ou bien encore les sacs qui flottaient sur les rivières avec cette étiquette : « Laissez passer la justice du Roi. » Les grands seigneurs savaient que Louis XI avait à leur disposition les fameuses cages de fer, et de célèbres exemples leur conseillaient de ne pas fronder l'autorité du monarque.

Quand Louis XI avait à faire juger un procès important, il distribuait d'avance aux juges les biens de l'accusé et, si les magistrats étaient enclins à la clémence, il savait leur rappeler que sa justice, à lui, était inexorable.

La lettre suppliante que lui écrivit Jacques d'Armagnac, duc de Nemours, émut les juges, et trois membres du Parlement votèrent en sa faveur. Louis XI leur retira leur office et il répondit au Parlement qui se plaignait de cette violence faite à l'indépendance des juges : « Je pensais, vu que vous êtes sujets de la couronne de France et lui devez votre loyauté, que vous ne vouliez pas approuver qu'on fît si bon marché de ma peau. D'après ce que je vois par vos lettres, je connais clairement qu'il y en a encore parmi vous qui volontiers seraient machineurs contre ma personne ; et, afin d'eux garantir de la punition, ils veulent abolir l'horrible peine qui y est. Por quoi sera bon que je mette remède à deux choses : la première, expurger la cour de telles gens ; la seconde, faire que nul dorénavant ne puisse alléger les peines pour crime de lèse-majesté. »

Le duc de Nemours fut décapité. Son ingratitude et ses trahisons méritaient ce châtiment, mais Louis XI aurait pu se dispenser de l'enfermer dans une cage de fer dont il ne sortait, pendant son procès, que pour être *gehenné*.

Le roi avait aussi à se venger du comte d'Armagnac, de cet horrible Jean V qui avait épousé sa sœur et exigeait, à grands coups de

bâton administrés à son chapelain, l'absolution de ses forfaits. Le comte fut assiégé dans
Lectoure par le cardinal d'Alby; la ville fut
prise, le comte poignardé et toute la population massacrée; il ne resta que trois hommes
et quatre femmes.

Louis XI, qui avait beaucoup d'esprit, aimait
à plaisanter; ses plaisanteries étaient parfois
féroces. Il écrivit au comte de Saint-Pol : « J'ai
de grandes difficultés, j'aurais bon besoin
d'une tête comme la vôtre », et, pour qu'on ne
se méprît pas sur le sens de ces paroles, il dit
à son entourage : « Ce n'est que la tête que je
demande, le corps peut rester où il est. » La
tête du comte de Saint-Pol tomba sur la place
de Grève.

Il n'était pas moins jaloux de ses plaisirs
que de son pouvoir; il aimait passionnément
la chasse et il n'entendait pas qu'on lui dis-
putât son gibier : « Louis Roy de France fit,
par toute l'isle-de-France et environs, brûler
tous les rets, filets et engins qui appartenaient
à la chasse et vollerie; tant pour prendre
grosses bêtes, comme perdrix, faisans et autres
bêtes et oiseaux, et ni en eut nul à qui on ne
les brûlat, fussent nobles, chevaliers ou barons.
Et pareillement, comme on disait, avait fait

faire par tout son royaume et là où il avait été (1). » Il faisait couper les oreilles à quiconque tirait un lièvre et « alors, dit un chroniqueur, il était plus rémissible de tuer un homme qu'un sanglier ». Sa dévotion, comme celle de bon nombre de ses contemporains, était de la superstition ; il croyait s'acquitter de ses devoirs religieux en faisant coudre une image bénite à son chapeau ; il promettait des cadeaux à Notre-Dame de Cléry pour qu'elle lui obtînt le pardon de l'empoisonnement de son frère le duc de Guyenne. Un jour, on récitait, devant lui et pour lui, une oraison à saint Eutrope, pour la santé de l'âme et du corps : « C'est assez de celle-ci, dit-il, il ne faut pas importuner le saint de tant de choses à la fois. » Il avait une peur horrible de la mort ; mais, quand il se fut assuré que, même les prières de ce « bon saint homme François de Paule » ne lui éviteraient pas le sort commun, il envisagea la mort froidement, régla ses funérailles, sa sépulture, son mausolée et, jusqu'à ses dernières heures, il s'occupa des affaires du royaume : « Nous avions songé, dit-il, à chasser les Anglais de ce dernier

____

(1) Du Clercq.

coin (Calais) qu'ils ont encore dans le royaume, mais ce sont de trop grosses affaires, tout cela finit avec moi. »

Louis XI pressura horriblement ses peuples. Il avoua lui-même qu'il les laissait « en grande désolation »; mais son rival Charles le Téméraire pesa bien plus lourdement encore sur les populations qui avaient le malheur de lui être soumises.

Sous prétexte de venger la mort du duc de Guyenne, le Téméraire entra en France, jurant de mettre tout à feu et à sang (1). Il assiégea et prit la ville de Nesles : les francs archers eurent le poing coupé, les habitants, femmes et enfants, furent massacrés. Ceux qui se réfugièrent dans l'église furent égorgés. Quand le duc y entra à cheval, il applaudit à ce carnage en disant : « J'ai de bons bouchers avec moi, et voilà une belle vue ! » Il échoua devant Beauvais et se replia sur le pays de Caux qu'il réduisit en cendres, démolissant les bourgs, les villages, les châteaux. Mais ces horreurs ne sont pas cependant comparables

---

(1) N'étant encore que comte de Charolais, Charles, après la prise de Dinant-sur-Meuse (1466), avait fait noyer huit cents hommes attachés deux à deux. Il expulsa les femmes et les enfants et fit brûler la ville.

à celles que commit le sire de Hagenbach que Charles le Téméraire avait nommé gouverneur de l'Alsace : c'était une véritable bête fauve. Ne pas céder sur-le-champ au moindre de ses caprices était un crime puni de mort ; il fit couper la tête à quatre députés de la ville de Thann qui venaient réclamer en faveur de leurs privilèges ; il tuait sans motifs, pour le plaisir de voir couler le sang. Les paysans étaient livrés, sans défense, à la sauvagerie de ses soldats ; il les accablait de corvées qui ne leur permettaient pas de cultiver leurs champs.

Les débauches de ce monstre étaient abominables ; il enlevait les jeunes filles et forçait la porte des couvents. Un fait, entre mille, fera comprendre la situation des peuples gouvernés par ce bandit. Il donna un jour une grande fête et, tout d'un coup, après avoir renvoyé les maris, il fit mettre les femmes dans un état de complète nudité avec seulement un voile sur la figure. Il ordonna aux maris de rentrer ; ceux qui ne reconnaissaient pas leurs femmes étaient précipités du haut en bas dans l'escalier, et il forçait les autres à boire jusqu'à en en mourir.

Les populations, poussées à bout, se soulevèrent, le tyran fut pris et exécuté à Brisach (4 mai 1474).

Quand Charles le Téméraire apprit la mort de Hagenbach « qu'il aimait par-dessus tous ses autres serviteurs (1) », il entra dans une colère aveugle et jura de le venger. Par ses ordres, Étienne de Hagenbach, frère du défunt, entra en Alsace avec une armée : plus de cinquante villages entre Delle et Porentruy furent brûlés et les habitants massacrés ; les soldats pendaient les paysans aux arbres, outrageaient les femmes et emportaient les enfants suspendus à la selle de leurs chevaux ; les églises étaient pillées, les saintes hosties foulées aux pieds. Il se forma une coalition contre les exécuteurs de la colère du duc de Bourgogne et la bataille de Héricourt délivra l'Alsace.

Avant de mourir, Louis XI avouait qu'il laissait la France « en grande désolation ». Écoutons les plaintes que le peuple fit entendre l'année même qui suivit la mort du roi : « Quant au menu peuple, on ne saurait imaginer les persécutions, pauvretés et misères qu'il a souffertes et souffre en maintes

____

(1) M. de Barante.

manières. Premièrement n'a été contrée où
il n'y ait toujours gens d'armes allans et
venans, vivant sur le pauvre peuple; maintenant les gens d'armes de l'ordonnance, maintenant les nobles de ban, maintenant les
francs archiers, autrefois les hallebardiers,
et aucunes fois les suisses et piquiers qui
leur ont fait maux infinis.

« Et fait à noter et piteusement considérer
l'injustice et iniquité en quoi a été traité ce
pauvre peuple : car les gens de guerre sont
soudoyés pour le deffendement de oppression,
et ce sont ceux qui plus l'oppressent. Il faut
que le pauvre laboureur paie et soudoie ceux
qui le battent, qui le délogent de sa maison,
qui le font coucher à terre, qui lui ôtent sa
substance, et les gages sont baillés aux gens
d'armes, pour les préserver et défendre et
garder leurs biens.

« Et assez appert d'icelle iniquité, car
quand le pauvre laboureur a toute la journée
à grand peine et sueur de son corps, et qu'il
a cueilli le fruit de son labour, dont il s'attendait à vivre, on vient lui ôter partie du
fruit de son labour, pour bailler à tel peut-
être qui battra le pauvre laboureur avant la
fin du mois, et qui viendra déloger les che-

vaux qui auront labouré la terre, laquelle
aura pōrté le fruit dont l'homme de guerre
est soudoyé. Et quand le pauvre homme laboureur a payé à grand peine la quotte en
quoi il était de sa taille pour la solde des
gens d'armes et qu'il se cuide conformer à
ce qui lui est demeuré, espérant que ce
sera pour vivre et passer son année, vient à
une espasse de gens d'armes qui mangera et
dégostera ce peu de bien que ce pauvre
homme aura réservé pour son vivre.

« Et encore y a pis, car l'homme de guerre
ne se contentera pas des biens qu'il trouvera
en l'hôtel du laboureur, ains le contraindra
à gros coups de baston y aller quérir en la
ville du vin, du pain blanc, du poisson, espi-
ceries et autres choses excessives. Et à la
vérité ce n'était Dieu qui conseille les pauvres,
et leur donne patience, ils cherraient en
désespoir; et se le temps passé ont fait
beaucoup de maux, encore ont-ils fait pis
depuis le trépas du roy. Et se n'eust été
l'espérance que le peuple avait qu'il aurait
allègement au joyeux advènement du roy,
ils eussent abandonné leur labour.

« Et quant à la charge importable de tailles
et subsides que le pauvre peuple de ce

royaume a, non pas porté, car il y a été
impossible ; mais sous lequel faix est mort
et péry de faim, de pauvreté, la tristesse
et la desplaisance innumérable, les larmes de
pitié, les grands soupirs et gémissement du
cœur, à peine pourraient suffire ne permettre l'explication de la grieveté d'icelles
charges, et l'énormité des maux qui s'en
sont suivis, et les injustices, violences et
rançonnements qui ont été faits en levant
et ravissant iceux subsides.

« Et pour toucher à icelles charges que
nous pouvons appeler non pas seulement
charges importables, mais charges mortelles
et pestifères ; qui eût jamais pensé, ne ima-
giné voir ainsi traité ce pauvre peuple, jadis
nommé Français ; maintenant le pouvons
appeler peuple de pire condition que le
serf..... à cause de quoi sont ensuis plusieurs
grands et piteux inconvénients : car les aucuns s'en sont fuis et retraits en Angleterre, Bretagne et ailleurs : et les autres
morts de faim à grand et innumérable nombre
et autres par désespoir ont tué femme et enfants et eux-mêmes voyant qu'ils n'avaient pas
de quoy vivre. Et plusieurs hommes, femmes
et enfants par faute de bestes, sont con-

traints à labourer à la charrue au col : et les autres labouraient de nuit pour crainte qu'ils ne fussent de jour pris et apprehendés pour les dites tailles (1). »

Tout commentaire est inutile. Voilà donc, d'après un document contemporain, quelle était la situation du peuple en France, dans les dernières années du quinzième siècle.

D'après ce que nous venons de lire, il est permis de se demander si, pratiquement, les gens des quatorzième et quinzième siècles avaient la moindre idée du droit et du respect de la vie humaine. Ils avaient les pratiques extérieures du christianisme, ils n'avaient pas les mœurs chrétiennes.

Ebroïn, maire du palais sous Thierry III, scélérat chargé de crimes, qui ordonna le meurtre de saint Léger après lui avoir fait arracher les yeux, couper la langue et les lèvres, et fut assassiné un dimanche de l'an 681, tandis qu'il se rendait dévotement à l'église *pour assister à matines*, est l'image assez fidèle de cette société qui, sous des dehors chrétiens, avait gardé une âme païenne.

(1) Anciennes lois françaises.

CHAPITRE IV

LES CONDITIONS DE LA VIE. — LA MISÈRE

Pour respecter le droit de l'homme à la vie, il ne suffit pas de ne pas attenter à ses jours.

L'homme n'est pas une bête fauve enfermée dans une tanière d'où elle sortira pour aller dévorer une proie ; il n'est pas une bête de somme dont un maître tire tous les services qu'elle est capable de rendre et dont il s'acquitte en lui donnant une maigre ration qui lui permettra de continuer à traîner son fardeau ; il n'est pas une machine dont il est permis d'abuser en lui faisant produire le *maximum* de travail en ne lui accordant que le *minimum* d'entretien et de soins. Non, l'homme n'est pas cela : il est une créature intelligente, faite à l'image de Dieu, et, à ce titre, il a droit de vivre dans les conditions

de bien-être relatif qu'exige la dignité de sa
nature.

Je ne traite pas ici le problème de la pauvreté, je dis seulement qu'il n'est pas permis,
sans violer le droit à la vie, de réduire
l'homme à la misère, à la faim, au désespoir.

On a vu, par les doléances du tiers état
aux États généraux de 1484, quelle était la
situation misérable des paysans de France,
c'est-à-dire de la très grande majorité des
Français.

Or, sauf quelque temps de répit, sous les
règnes de Louis XII et de Henri IV, cette situation a été à peu près la même pendant toute
la durée de la monarchie.

Quelques-unes des causes de cette misère
n'étaient imputables à personne ; aussi, je ne
cite que pour mémoire le récit que Raoul
Glaber nous a laissé d'une famine arrivée en
1033, pendant laquelle les hommes se dévoraient entre eux et déterraient les cadavres
pour s'en nourrir. La difficulté presque insur-
montable des communications d'une province
à l'autre condamnait à la faim les pays où
la récolte avait manqué.

A ces mêmes États généraux de 1484,

Luxembourg, évêque de Laon, signala la cause du mal : « Il fallait, disait-il, chasser de la cour les anciens conseillers de la couronne, hommes durs, engraissés du sang des malheureux, et habiles à inventer chaque jour de nouvelles extorsions aux dépens du pauvre peuple. »

Les extorsions inventées chaque jour pour remplir les caisses toujours vides du trésor public, voilà la première cause de la misère des peuples ; l'effroyable dilapidation des finances de l'État, voilà le crime qui pèse lourdement sur l'ancienne société.

Depuis le duc d'Anjou s'emparant du trésor pendant l'agonie de son frère Charles V, jusqu'à M. de Calonne, ministre de Louis XVI, qui, sur un emprunt de 100 millions, en donna 56 au comte d'Artois, 25 à Monsieur et 12 à Condé, les finances de la France furent affreusement pillées.

Philippe le Hardi, duc de Bourgogne, spécule sur le désastre de Nicopolis et pressure ses vassaux pour en retirer plus du double des 200 000 ducats réclamés par Bajazet pour la rançon du duc de Nevers (plus tard Jean sans Peur) ; en 1404, le duc d'Orléans, frère de Charles VI, pénètre, avec force gens d'armes,

8.

dans la grande tour du palais et vole 800 000 écus d'or.

Les fortunes des particuliers n'étaient pas à l'abri de la convoitise des courtisans. A la suite de l'un des procès les plus iniques de l'histoire, Jacques Cœur fut dépouillé de toutes ses richesses mises à la disposition du roi. Charles VII prit pour lui 100 000 écus d'or ; il donna le reste au comte de Dammartin, ancien chef d'écorcheurs, au jeune de la Trémouille, débiteur du malheureux argentier, et à la dame de Villequier, qui avait succédé à Agnès Sorel dans les bonnes grâces du roi.

Il ne faut pas croire que ces faits soient isolés ; le pillage des finances est, je vais le démontrer, la note caractéristique de ces temps et la première cause de la misère des peuples.

Les réformes précipitées que Louis XI voulut introduire dès le début de son règne lui aliénèrent la noblesse, dont le nouveau roi contestait les privilèges. Elle forma contre lui la *Ligue du Bien public*. Louis XI, qui avait conspiré avec elle sous le règne de son père, connaissait bien ses anciens alliés quand il disait dans un manifeste daté de Tours : « Si nous avions consenti à augmenter leurs pen-

sions et à leur permettre de fouler leurs
vassaux comme par le passé, ils n'auraient
jamais pensé au *bien public*.» L'événement
prouva qu'il avait vu juste. Après la bataille
indécise de Montlhéry, il essaya de dissoudre
la Ligue en achetant les ligueurs : l'un demandait de l'argent, celui-ci des domaines, un
autre l'épée de connétable, le roi accordait
tout et le traité fut conclu à Conflans :
« Les princes, dit Commines, butinèrent le
monarque et le mirent au pillage. »

Au quinzième siècle, le peuple souhaitait
que la nation eût à se prononcer entre le roi
et les princes, et nous verrons que, à cette
époque, les esprits étaient mûrs pour une
réforme qui eût épargné tant de mécomptes.
On chantait dans les rues de Paris :

> Qui peut donner bon conseil prestement?
> Qui? Vraiment qui? Les Trois États de France.

On en appelait donc aux États généraux ;
mais l'aristocratie, satisfaite de l'argent reçu,
ne pense plus au bien public : peut-être aussi
redoutait-elle les revendications qui devaient
être faites, quelques années plus tard, aux
États généraux de 1484.

Les dépenses personnelles de Louis XI ne grevaient pas beaucoup le budget du royaume. Ses comptes portent les mémoires des serruriers qui forgeaient les chaînes des fameuses cages de fer; l'argent fourni aux aides de Tristan et tant pour l'achat de deux douzaines de « petits oiseaux appelés serins ». Les taxes n'en étaient pas moins énormes; les charges publiques avaient été triplées depuis la mort de Charles VII; l'administration était sévère, mais « l'immoralité de la plupart des fonctionnaires aggravait un poids déjà insupportable (1) ». Cette immoralité fut dévoilée aux États généraux de Tours : « Le mode de perception, disent les doléances des communes, est un nouvel impôt plus malfaisant encore. Qui ne connaît les concussions et les violences des exacteurs ! Des malheureux, libérés enfin, sont encore ressaisis et jétés en prison : leur mobilier est mis à l'encan ; on veut qu'ils acquittent l'impôt de leurs voisins insolvables ! Puis, les dépens de greffe, de sommation et de geôle, les frais enfin de leur supplice. Après quoi on les laisse retourner tout nus à leurs maisons dépouillées et à leurs

(1) Henri Martin.

champs en friches. » Les communes disent
encore : « Qu'il plaise à messeigneurs qui
prennent des pensions sur l'État, de se contenter du revenu de leurs seigneuries, eu
égard aux misères et afflictions du pauvre
peuple ; car ces pensions tombent tout
entières sur le tiers état ; d'où il est arrivé
que le malheureux laboureur est mort de
faim, lui et les siens ; et n'est point à douter
qu'au paiement d'icelles, il y a telle pièce de
monnaie qui est partie de la main de l'infor-
tuné paysan, duquel les enfants mendient aux
portes de ceux qui touchent ces pensions ; et
souvent les chiens sont nourris du pain acheté
des deniers dont le pauvre laboureur devait
vivre... » Quand, par l'organe de Jean
Masselin, official de Rouen, les députés demandèrent qu'on mît sous leurs yeux « toutes
les branches de recettes et de dépenses sans
exception », on leur apporta des rôles dont
la fausseté était si manifeste que Masselin
les qualifia de « merveilleux mensonges ».
On avait faussé, même les comptes des dépenses faites pour la salle où se tenaient les
États. Masselin était donc autorisé à dire:
« S'ils osent, pour ce qui est sous les yeux de
tous, en imposer si vilainement, qu'on imagine

leur audace pour ce qui est occulte... de quel droit osent-ils insulter ainsi aux représentants de la nation ? » Si les députés étaient restés unis, ils auraient peut-être triomphé ; mais, travaillés tantôt par les caresses, tantôt par les menaces des princes, ils se divisèrent et on les congédia avec de belles paroles. A l'une des dernières séances où l'on discutait à qui incombait la charge de payer l'indemnité due aux députés, un orateur de la noblesse, Philippe de Poitiers, dit « que chaque ordre avait sa charge : le clergé, la prière, l'instruction des fidèles et la conservation des saines doctrines ; la noblesse, la défense des frontières et de la tranquillité intérieure ; le tiers état, celle d'assurer les subsistances, le paiement de la dîme, celui de l'impôt, dont la dépense des États faisait partie, et que ces trois charges étaient égales ».

Il est permis de ne pas partager l'opinion de Philippe de Poitiers : non, les charges n'étaient pas égales.

Le clergé, immensément riche, ne pouvait-il pas, outre les prières, donner autre chose à l'État pour alléger le fardeau qui écrasait le peuple. Il distribuait, il est vrai, d'abondantes aumônes et accordait des *dons gratuits*, mais n'eût-il pas mieux valu qu'une loi déterminât la part qu'il devait supporter des charges publiques? Le clergé d'aujourd'hui n'est certes pas aussi riche que celui du quinzième siècle, il paye cependant l'impôt comme tout le monde, et il ne s'en plaint pas. La noblesse se battait, mais les gens des communes se battaient eux aussi; ils firent même fort bonne figure à la bataille de Bouvines, et Charles VII, par l'ordonnance du 23 avril 1448, avait décidé que chacune des seize mille paroisses du royaume fournirait au roi « un bon compagnon » qui devait être prêt à servir le roi toutes les fois qu'il y serait appelé, moyennant 4 francs par mois en campagne. Les charges n'étaient donc pas égales; la plus importante tombait sur le tiers état d'autant plus lourdement que les deux ordres privilégiés en étaient exemptés. Un jour, la nation tout entière pensera que cette répartition des charges n'est pas juste, et ce jour-là s'appellera la Révolution.

Si, du moins, le tiers état n'avait eu à supporter que les impôts nécessaires! Mais c'est dans sa bourse que l'on prenait les sommes follement dissipées par ses exploiteurs: c'était là une des grandes causes de sa misère.

Après l'administration honnête et économe de Louis XII, les pillages financiers recommencèrent de plus belle pour continuer, sauf un moment d'arrêt, sous Henri IV, jusqu'aux derniers jours de la monarchie.

Sous Henri II, « ce fut une curée immense ». Diane de Poitiers, les Guise et les Montmorency s'enrichirent aux dépens de la France : « Le débonnaire monarque ne savait auquel entendre et pouvait à peine les satisfaire tous en leur abandonnant non seulement les emplois et les dignités, mais les dépouilles du trésor, du domaine et de la nation (1). » Diane eut l'impudeur de s'emparer de la dispensation des bénéfices ecclésiastiques; elle fit nommer *trésorier de l'épargne* un de ses complices, et obtint pour un de ses gendres, le marquis de Mayenne, toutes les terres vacantes du royaume.

On comprend qu'avec ce système, l'État était toujours endetté; aussi, sous Charles IX, on voulut combler le déficit par la confiscation des biens du clergé. Sous Henri III, qui, aux noces de son favori Joyeuse, dépensait 120 000 écus, le mal s'aggrava encore; sans l'avènement de

____

(1) Henri Martin.

Henri IV on ne voit pas comment la France pouvait sortir du gouffre.

Pour apprécier tout ce que ce grand roi a fait pour notre pays, il faut lire et relire l'histoire de son règne par M. Auguste Poirson. Si l'impulsion qu'il imprima aux libertés communales et provinciales n'avait pas été arrêtée par ses successeurs, la France aurait des traditions de vie publique qu'elle a malheureusement perdues et dont l'oubli lui a coûté si cher ; mais, pour ne pas sortir de mon sujet, je dois me borner à raconter les réformes qu'il opéra dans les finances du royaume. Grâce à lui, les paysans jouirent d'une aisance qu'ils n'avaient jamais connue, et, s'ils n'eurent pas tous *la poule au pot* chaque dimanche, du moins le roi fit tout ce qui dépendait de lui pour rendre leur existence plus tranquille et plus douce.

Avant lui, les gouverneurs de province détournaient, à leur profit, une bonne partie des revenus publics ; la tenue des registres était déplorable ; il était reçu, parmi les agents du fisc, que voler l'État n'était pas voler, aussi, rien que sur de vieux titres des créanciers de l'État achetés au rabais et qu'ils faisaient ensuite solder intégralement au roi, ils mirent, en deux ans, 1 500 000 écus dans leurs poches.

9

Pendant qu'ils faisaient des fortunes scanda-
leuses, Henri IV portait « des chemises déchi-
rées et un pourpoint troué au coude ».

Sully mit ordre à tout cela. Henri lui donna
tout pouvoir sur les financiers, et un jour, le
grand ministre put ramener triomphalement au roi, chargés sur dix-sept chariots,
500 000 écus qu'il avait arrachés aux concussionnaires. Ce n'était qu'un heureux début :
« Par un édit du commencement de l'année
1598, le roi, sur les conseils de Sully, fit la remise
de l'arriéré des tailles en partant de 1596 et en
remontant à sept années au delà : l'arriéré
montait à 20 millions de ce temps, près de
80 millions d'aujourd'hui. C'était un immense
soulagement, et cependant cette bonne œuvre,
comme la nomme Sully, ne fit qu'ouvrir la série
des actes par lesquels le Gouvernement montra
sa constante sollicitude pour le laboureur. La
répression des vols des comptables que Sully
mit dans l'impuissance de lever sur les contribuables plus que n'exigeait le Gouvernement,
exonéra la classe des taillables de 3 millions
770 000 livres... Le laboureur et l'artisan
commencèrent à respirer par le fait qu'ils
eurent beaucoup moins à payer au Gouvernement. Leur soulagement fut complété par

l'autre fait, qu'ils gardèrent beaucoup d'argent pour acquitter cette moindre somme, et qu'une classe nombreuse et riche fut appelée à partager avec eux le fardeau de la taille (1). » Une foule de roturiers avaient acheté des lettres de noblesse pour s'exempter de la taille : Henri IV les fit rentrer dans le rang ; on évalue à quarante mille ceux qui augmentèrent ainsi le nombre des contribuables. Le roi voulait aussi réformer l'impôt de la gabelle, cet impôt terrible qui fut un véritable instrument de torture appliqué aux paysans pendant toute la durée de l'ancien régime; il n'en eut pas le temps; il aurait voulu que le sel fût une marchandise et non un impôt. Le crime de Ravaillac coupa court à cette réforme comme à tant de grandes choses que préparait le génie bienfaisant du roi, et la gabelle « resta le fléau, le supplice des classes pauvres jusqu'à la révolution de 1789, laquelle n'opéra leur délivrance qu'en mettant en pratique les idées de Henri et de son ministre (2) ».

Richelieu, uniquement préoccupé de l'unité nationale et de la grandeur extérieure de la

____

(1) Poirson.
(2) *Id.*

France, n'hérita pas des bienveillantes dispositions de Sully; pour lui, moins les peuples sont à leur aise, plus ils sont faciles à conduire; et il les compare aux mulets qui se gâtent par un long repos.

On sait que, dans les premières années de son règne, Louis XIV voulut mettre un terme au pillage des finances. Après la condamnation de Fouquet, il fit instruire le procès des traitants, comptables, prêteurs, de tous ceux enfin dont les malversations avaient indûment augmenté les charges de l'État. Mais le nombre des concussionnaires était si grand qu'il fut obligé d'accorder une amnistie partielle et de remplacer, par des taxes pécuniaires, les châtiments que les coupables avaient mérités. Ces taxes produisirent 110 millions, somme fort inférieure aux détournements commis par les financiers. Mais le roi lui-même, dans le cours de son règne, n'allait-il pas, par ses guerres et le luxe insensé de sa cour, contribuer à l'appauvrissement de la France ?

Voici le tableau qu'un historien a tracé de la situation des paysans français pendant la première moitié du dix-septième siècle : « Dispersés dans les campagnes, dénués de tout renseignement sur leurs forces, dans l'impossibilité de se connaître et de s'unir, ignorants d'un droit qui existait à peine et dont la chicane gardait l'entrée, les paysans en étaient réduits à tout attendre du temps et de je ne sais quelle foi instinctive en un avenir meilleur. Tandis que le bouillonnement des convoitises bourgeoises agitait la surface du tiers état, ses masses profondes restaient calmes et commé endormies. Elles supportaient la charge qui pesait sur elles, comme une nécessité de la nature. Il fallait des temps particulièrement durs et des misères extraordinaires pour que ce peuple se soulevât et cherchât, dans la violence et la destruction, sinon un adoucissement, du moins une diversion à ses maux.

« Ce calme séculaire du paysan français a souvent frappé et même étonné les contemporains. Les uns l'attribuaient à sa passivité ; les autres, comme l'Anglais Carew, au sentiment qu'il avait de son impuissance en présence de ce que ce diplomate appelle « la conjuration des hautes classes de la nation pour le mâter et l'écraser de longue main ». Il est certain qu'un même intérêt liait les uns aux autres tous ceux qui jouissaient du privilège, et la coalition que dénonce Carew était toujours prête à se former dès que l'on voyait apparaître la moindre velléité de revendication sociale. Que ce soient les *Croquants* du Poitou, les *Va-nu-pieds* de Normandie, les *Lanturlus* de Bourgogne, partout c'est la même histoire : le peuple après chaque tentative de révolte retombe plus las et plus bas.

« C'est une maxime d'État en France, dit l'ambassadeur anglais, que le peuple doit être abattu et découragé par les exactions et l'oppression ; car autrement il serait disposé à la révolte... On tient les paysans dans une telle servitude qu'on n'ose pas leur confier des armes... on leur laisse à peine de quoi se nourrir... » Un cardinal bien en cour, Duperron, ne s'exprime pas autrement : « En Angleterre, dit-il, ils boivent tous de bonne bière, mangent de bon bœuf, et on n'en voit pas un qui ne soit vêtu de drap et qui n'ait la tasse d'argent ; en France, ils sont misérables, déchirés ; les rois devraient en avoir quelque respect.

« Aussi, en Angleterre, ils disent que les paysans de France, ce sont des bêtes ». On se demande avec un autre contemporain « comment les laboureurs tant rabaissés et opprimés par les tailles et la tyrannie des gentilshommes, pouvaient subsister, et comment il en restait encore pour nourrir les autres classes (1) ».

Quand il apprit que Henri IV était grièvement blessé, Sully s'écria : « Mon Dieu ! ayez compassion de lui, de nous et de l'État. S'il meurt, la France va tomber dans d'étranges mains. »

La France tomba, en effet, en d'étranges mains. Sous la régence de Marie de Médicis, Concini, sa femme Léonora et les grands seigneurs puisèrent, sans scrupules, dans le trésor amassé par Henri IV. Concini acheta pour 330 000 livres le marquisat d'Ancre ; pour 200 000, la charge de premier gentilhomme de la chambre ; il eut encore, à prix d'or, sept ou huit lieutenances générales ; sa femme, de son côté, profita de l'empire extraordinaire qu'elle exerçait sur la régente pour enfler outre mesure la bourse du ménage. Pour 300 000 livres elle s'engagea à faire déclarer innocents des officiers de finance que poursuivait la Cour des aides. Ils étaient arrivés l'un et l'autre en France sans un sou vaillant.

Les grands seigneurs ne se laissèrent pas oublier. Condé reçut une pension de 200 000 livres et un hôtel à Paris ; le comte de Soissons,

(1) G. Hanotaux, *Histoire de Richelieu.*

200 000 écus comptants et une pension de 50 000 livres, et le pillage ne s'arrêta pas là.

« Les présents de la reine, dit Richelieu, étourdirent la grosse faim de leur avarice et de leur ambition ; mais elle n'en fut pas pour cela éteinte ; l'épargne et les coffres de la Bastille étaient épuisés ; alors ils aspirèrent à choses si grandes, que l'autorité royale ne pouvait souffrir qu'on leur donnât le surcroît de puissance qu'ils demandaient. » Ils demandaient, en effet, pour eux et pour leur famille, des gouvernements de provinces qui auraient démembré la France. Marie de Médicis refusa. Condé prit les armes et publia un manifeste dans lequel il accusait la cour d'avoir abaissé la noblesse, dilapidé les finances, grevé le pauvre peuple et il terminait en demandant la convocation des États généraux.

Avant même la réunion des États de 1614, des plaintes s'élevaient de toute part, elles disaient au roi : « Plût à Dieu, Sire, que vous puissiez connaître le détail de votre royaume, vous verriez une infinité d'hommes traîner misérablement leur vie sous un éternel travail qui ne leur produit pour tout profit que quelques bouchées de pain, exposés aux extorsions et concussions de vos officiers, à l'avanie des usuriers, à la vexation et rapine de vos sergents, sans une infinité d'autres accidents qui les font méconnaître par eux-mêmes et s'estimer, en leur création, au-dessous des plus abjets et contemptibles animaux. Vous arrêteriez votre regard sur tant de mortuissantes images de la mort, sur tant de visages mornes, plombés, hâves et ressemblants plutôt à des phantômes qu'à ce qu'ils sont. » Pendant le temps des États on implora la pitié de Louis XIII : « Sire, ce ne sont point des insectes et des vermisseaux qui réclament votre justice et miséricorde ; c'est votre pauvre peuple ; ce sont des créatures raisonnables ; ce sont des enfants dont vous êtes le père. Que diriez-vous, Sire, si vous aviez vu dans vos pays de Guyenne, d'Auvergne, les hommes paître l'herbe *à la manière des bêtes !* et cela est tellement véritable que je confisque à Votre Majesté mon bien et mes offices, si je suis convaincu de mensonge. » « Personne ne protesta contre ces affirmations qui empruntent aux circonstances dans lesquelles elles se produisirent, un caractère d'authenticité incontestable (1). »

(1) G. Hanotaux, *loc. cit.*

Qu'advint-il des États généraux de 1614? Un beau jour on ferma la salle des séances parce qu'on en avait besoin pour donner un ballet. Aux États généraux suivants, on fermera la salle aussi, mais les députés en trouveront une autre, celle du *Jeu de Paume*.

Quelques faits se détachent en noir sur ce fond déjà si sombre.

Nous sommes en 1642; le règne de Louis XIII va finir; Guébriant fait la guerre en Allemagne : « Voyant combien il était difficile qu'on lui envoyât des troupes et plus difficile encore de les retenir, le maréchal conseilla d'essayer une levée dans son pays de Bretagne. Avec du genièvre et de faibles primes on parvint à racoler quelques centaines de recrues; comme cela paraissait insuffisant, on fit de véritables battues dans les champs et dans les villages, et l'on poussa quelques milliers de malheureux sur les ports de mer, où on les embarqua enchaînés sans armes et presque sans vêtements. Les bateaux qui les portaient furent dirigés sur la Hollande, puis remontèrent le Rhin; on les débarqua dans le pays de Juliers, près du camp qu'occupait alors Guébriant; et son bon cœur fut vivement ému de l'état dans lequel il les vit. Il les fit traiter de son mieux, donna à chacun d'eux un habit gris, etc., mais la nostalgie les saisit; la plupart moururent ou se sauvèrent (1). »

Cette chasse à l'homme dans les villages de Bretagne est un épisode de la guerre de Trente Ans.

Le problème qui se posait alors était de savoir si l'Allemagne demeurerait divisée en principautés indépendantes, ou si elle serait unie sous un seul maître, la maison d'Autriche. Richelieu vit le danger que ferait courir à la France l'unité allemande sous la domination de l'Autriche; il noua d'abord un faisceau de solides alliances et il entra en campagne.

Nos provinces frontières du nord et de l'est gardent encore le souvenir lugubre des malheurs qui s'abattirent sur elles pendant cette terrible guerre.

On se croit revenu aux temps de la guerre de Cent Ans.

En Lorraine, « la désolation vint jusqu'à telle extrémité qu'après que la plupart de ceux qui restèrent dans le pays eurent été réduits à se nourrir de charognes demi-pourries de bêtes, ils devinrent eux-mêmes la

____

(1) Duc d'Aumale, *les Princes de Condé.*

pâture des bêtes carnassières, et l'on vit courir de tous côtés des loups affamés qui mettaient en pièces et dévoraient les femmes et les enfants qu'ils trouvaient un peu à l'écart, même en plein jour et à la vue du monde; et plusieurs de ces pauvres créatures furent tirées de leurs griffes fort blessées et demi-mortes, que l'on porta dans les hôpitaux des villes, où les prêtres de la Mission les firent panser; et ces loups étaient si acharnés après les corps humains, qu'ils allaient, de jour, dans les bourgs et les villages et entraient dans les maisons ouvertes, et, la nuit, dans quelques villes, par les brèches des murailles, et enlevaient des femmes, des enfants et tout ce qu'ils pouvaient attraper. »

A Metz, « le nombre des pauvres était si grand au-dedans et au dehors de la ville, qu'il s'en trouvait aux portes quelquefois jusqu'à quatre et cinq mille de tout âge et de tout sexe, et le matin l'on en y trouvait ordinairement dix ou douze de morts. »

A Pont-à-Mousson, les pauvres étaient « si exténués et si languissants qu'ils mouraient même en mangeant (1) ».

(1) *Vie de saint Vincent de Paul*, par L. Abelly, évêque de Rodez.

L'histoire de Saint-Nicolas-du-Port, petite ville de dix mille âmes réduite à quelques centaines d'habitants par le pillage, le meurtre et l'incendie est, en petit, l'histoire de toute la Lorraine.

La Franche-Comté est envahie par les Impériaux sous la conduite de Gallas; tout le pays est noyé dans le sang ou dévoré par les flammes. Arrêtés devant Saint-Jean-de-Losne, les Impériaux se retirèrent laissant après eux le pays en ruine.

La Champagne et les provinces du Nord ne furent pas moins malheureuses. On voyait, dit l'auteur que je viens de citer, on voyait partout des malades, des vieillards et des enfants couchés sur de la paille pourrie, « leurs maisons ayant été pillées et brûlées et eux dépouillés jusqu'à la chemise ».

« L'histoire humaine semble finir quand on entre dans cette période, dit Michelet : plus d'hommes et plus de nations, seulement la brutalité de la guerre. » Les gens de guerre, en effet, avaient tout pouvoir; les populations étaient livrées à leur merci, comme le prouve cette lettre de Louis XIII au gouverneur d'Arras : « Brave et généreux Saint-Prieul, vivez d'industrie, plumez la poule sans la faire crier ; faites comme les autres dans leur gouvernement, vous avez tout pouvoir dans notre empire, tout vous est permis. »

Voici, d'après les contemporains, dans quel état se trouvait le peuple du royaume sous la régence d'Anne d'Autriche. Obligé par sa charge de requérir l'enregistrement de nouveaux impôts, Omer Talon adressait cette remontrance à la reine : « Il y a dix ans que la campagne est ruinée ; les paysans réduits à coucher sur la paille, leurs meubles vendus pour le payement des impositions auxquelles ils ne peuvent satisfaire, et que des millions d'âmes innocentes sont obligés de vivre de pain de son et d'avoine, et n'espérer d'autre protection que celle de leur impuissance. Ces malheureux ne possèdent aucuns biens en propriété que leurs âmes, parce qu'elles n'ont pu être vendues à l'encan. Tout le royaume est languissant, affaibli par la fréquence des levées extraordinaires des deniers qui sont le sang du peuple et le nerf de l'État, et produisent une maladie d'inanition dans laquelle les remèdes sont aussi peu supportables que le mal, et de laquelle ne se pourra remettre de longtemps, quand même elle jouirait bientôt du calme de la paix. Faites, Madame, quelque sorte de réflexion sur cette misère publique. Ce soir, dans la solitude de votre oratoire, considérez la calamité des provinces dans lesquelles l'espérance de la paix, l'honneur des batailles gagnées, la gloire des provinces conquises, ne peuvent nourrir ceux qui n'ont point de pain. » Mathieu Molé, premier président du Parlement, disait aussi : « Votre Majesté m'entendra exposer l'extrémité des souffrances du peuple. Chacun selon sa condition ressent le poids trop pesant des charges de l'État. Ces voix plaintives retentissent partout et disent assez haut qu'après avoir payé 500 millions de plus en quatre années, on croit avoir satisfait à ce qu'on doit au prince et à la patrie. Ajouterons-nous les maux qui suivent l'exécution de ces édits? quels ravages, quelles exactions, quelles violences! Il est plus difficile au milieu de la France, en cette terre qui sert d'asile à tous, de passer d'une province à l'autre ou même de sortir de sa maison que d'entrer en pays ennemi. Encore si, en payant sa part et portion de l'impôt, on était quitte et libéré, mais toute la commune est solidaire, et l'on voit un particulier réduit à une prison perpétuelle après avoir acquitté sa dette personnelle. Les laboureurs seront bientôt contraints d'abandonner leur travail, de quitter leurs familles et leurs maisons pour demander leur vie de porte en porte. On exerce contre eux mille violences à main armée pour le payement des tailles. Ceux qui sont préposés pour les garantir les oppriment afin de satisfaire l'avidité de gens qui seuls tirent profit des malheurs publics. Si un prompt secours n'y est pas apporté, la campagne ne sera bientôt plus qu'un désert (1). »

On ne pouvait pas espérer que Mazarin prendrait des mesures pour alléger le fardeau qui écrasait le peuple. Il fallait beaucoup d'argent au premier ministre d'Anne d'Autriche. Il lui en fallait pour lui d'abord, pour sa famille ensuite, et enfin pour ses amis. Il laissa une fortune personnelle de 100 millions qui en vaudraient trois fois autant aujourd'hui; s'il empêcha une de ses nièces d'épouser Louis XIV, il les maria toutes, et il en avait sept, aux plus grands seigneurs du royaume. Naturellement, ce fut la France qui paya les dots de ces jeunes filles venues d'Italie en fort petit équipage : son

(1) V. Feillet, *la Misère sous la Fronde.*

neveu fut fait duc de Nivernais ; son frère, moine dans un couvent d'Italie, fut créé archevêque d'Aix et cardinal, et le Trésor public devait 430 millions. Dans les dernières années de sa vie, son avidité fut telle « qu'il fit repasser par ses mains quasi tout le royaume, pour le donner pièce à pièce à ses nièces et à ses amis ». Il nomma surintendant des finances un Italien, Émery, condamné autrefois pour banqueroute frauduleuse. Pour remplir les caisses du Trésor public, Émery eut recours à des expédients odieux. Il créait des charges pour les vendre, il retenait une partie des gages des fonctionnaires ; il mit une telle âpreté dans le recouvrement des impôts qu'il y eut, à la fois, jusqu'à vingt-six mille personnes en prison pour les taxes.

Mais ce qu'il imagina de plus extraordinaire, ce fut l'*édit du toisé*.

Après la bataille de Saint-Quentin, sous Henri II, alors qu'on pouvait craindre le siège de Paris, on avait défendu, sous peine de démolition et d'amende, de prolonger les faubourgs au delà d'une certaine limite. L'édit, qui datait de près de cent ans, était oublié ; les bourgeois avaient bâti des maisons, les

10.

paysans avaient bâti des huttes dans la zone prohibée. Émery eut l'idée de l'appliquer, et il força les propriétaires à se racheter à prix d'argent; c'est ce qu'on appela *l'édit du toisé*. Le Parlement intervint en faveur de ces bourgeois et de ces pauvres qui suppliaient qu'on ne les mît pas dans la rue. Anne d'Autriche répondit à leurs plaintes en exilant trois membres du Parlement.

C'est de cette détresse financière que sortit la Fronde.

Si l'on veut se faire une idée de l'effroyable misère qui désola alors Paris et les provinces, il faut lire le livre de M. Feillet : *la Misère au temps de la Fronde.* J'en cite quelques passages. — Le jour de Pâques 1654, le curé de Saint-Sulpice disait en chaire : « Il ne faut point aller sur les frontières de Picardie ou de Champagne pour voir la misère que les *Relations* nous ont rapportée; elle existe aussi dans les faubourgs de Paris. On a vu dans les quartiers éloignés, comme du Cherche-Midi (le Cherche-Midi actuel) ou des Incurables, enlever des voiries la chair des animaux pour nourrir des ventres affamés, d'autres se servir de son détrempé en eau de morue dont ils ont vécu assez longtemps, des enfants languir auprès des mamelles desséchées de leurs pauvres mères mourantes ; des pauvres passer la rigueur du froid sans habits et sans feu, couchés sur la terre ou sur un peu de fumier dans des caves ou des greniers découverts. » — Ordonnance de police du 6 août 1653 : « Attendu la rareté des gens de journée causée par la grande mortalité, rareté dont le résultat est de tripler ou quadrupler la cherté de la main-d'œuvre, enjoint aux mendiants valides et autres personnes sans condition, femmes ou filles, d'aller travailler dans la campagne à la récolte des grains et aux vendanges, et leur défend de rentrer à Paris avant la Toussaint, à peine de prison et de punition corporelle. » Une enquête de César d'Estrée, évêque de Laon (1656), nous apprend que, dans plus de cent vingt paroisses, les curés ont été obligés de se retirer dans les villes ; *ils n'avaient plus de paroissiens.* Amelot, président de la Cour des aides, dit, dans une remontrance : « La misère est si extrême et si générale *qu'il faut la diminuer pour la rendre croyable* à ceux qui ne la voient pas, ou plutôt elle se fait voir jusqu'à ceux qui en détournent les yeux. » A Dijon, le nombre des misérables est tel que le Parlement crée une chambre des pauvres (1652) qui ordonne aux habitants, sous les peines les plus sévères, de loger et de nourrir ceux auxquels un billet de logement aura été délivré.

La misère qui désolait le pays contraste douloureusement avec le luxe effréné des grands seigneurs.

A leur tête, Mazarin qui, ayant un jour invité à souper le roi, la reine mère, la reine d'Angleterre et Mademoiselle, les mena dans une galerie où il étala à leurs yeux pour 400 000 à 500 000 livres d'objets précieux. Le premier ministre allait faire à ses hôtes la surprise d'une loterie qu'on tira quand les dames et les messieurs de la cour furent réunis. Tous eurent un lot. Un sous-lieutenant des gendarmes du roi gagna un diamant de 4000 écus. Les courtisans et les financiers rivalisaient de luxe avec le favori. A un dîner du maréchal de L'Hôpital, on servit des plats qui revenaient à 400 écus; pour un ballet donné au roi, le duc de Guise dépensa, en un jour, plus de 10 000 écus. On portait des rabats de 900 pistoles. L'ancien receveur Bretonvilliers s'était fait bâtir à Paris un palais digne d'un roi. Servien, surintendant avec Fouquet, supplantait en opulence les plus puissantes familles ; le luxe de Fouquet est connu, il suffit de le rappeler. Toute cette société jouait avec frénésie. Dans une seule séance, Hervaert, banquier de Mazarin, perdit 100 000 écus.

M. Casimir Gaillardin, dans son *Histoire du siècle de Louis XIV*, raconte comment était gagné tout cet argent si follement gaspillé. La disgrâce retentissante de Fouquet a fait oublier les fraudes des autres manieurs d'argent qui n'étaient pas plus recommandables que le célèbre surintendant. Mazarin, par exemple, fut bien plus coupable que Fouquet, car, d'une part, il protégeait les complices de ses déprédations, et d'autre part, « s'il ne tuait pas les adversaires de ses combinaisons financières, il les emprisonnait et les malmenait dans les cachots avec assez de rigueur pour décourager l'imitation ».

Parmi tous les ministres de Louis XIV, Colbert occupe la première place : il fut un bienfaiteur de la France : « Il faut, écrivait-il à Louis XIV, épargner cinq sols aux choses non nécessaires et jeter les millions quand il s'agit de votre gloire. Un repas inutile de 3000 livres me fait une peine incroyable, et lorsqu'il est question de millions d'or pour l'affaire de Cologne, je vendrais tout mon bien, j'engagerais ma femme et mes enfants, et j'irais à pied toute ma vie pour fournir. » Tout Colbert est en ces quelques lignes : il fut ardemment dévoué au bien public. Il réorganisa les finances, favorisa l'agriculture et l'industrie, le commerce, les travaux publics, releva la marine marchande et rendit la vie à notre système colonial ; il restaura la marine militaire, protégea les beaux-arts et les lettres, en un mot il consuma sa vie au service de la France. Mais, malgré sa puissance extraordinaire de travail et son goût inné pour l'ordre et l'économie, il ne put suffire aux dépenses du roi. Quand, pour modérer l'amour de Louis XIV pour la guerre, le luxe et les bâtiments somptueux, il lui parlait de la misère des peuples, le roi se faisait donner, par la Sorbonne, une consultation qui le déclarait maître absolu de la vie et des biens de ses sujets. Le roi était donc en paix avec sa conscience, puisqu'il ne dépensait que ce qui lui appartenait.

Colbert succomba à la peine ; il mourut à soixante-quatre ans, usé par un labeur incessant, découragé, maudit par le peuple qui s'en prenait, de l'excès de ses souffrances, à celui qui n'avait cessé de travailler pour les adoucir. On fut obligé de l'enterrer pendant la nuit, et, pour que les restes de ce grand homme ne fussent pas insultés, une escorte accompagna son cercueil.

L'historien qui ne se laisse pas éblouir par l'éclat extérieur et que le faste prodigieux des fêtes de Versailles laisse froid ; le philosophe qui songe à tout ce que cachent de malheurs et de profondes misères les dehors si brillants du règne de Louis XIV, ont le droit de demander au grand roi des comptes sévères. Ce n'est pas cependant que Louis XIV fût insensible à la prospérité ou aux malheurs publics ; tout au contraire, il donna souvent des preuves de son zèle pour la chose commune ; mais l'orgueil de son rang et la possibilité de tout faire selon son bon plaisir l'entraînèrent à des mesures dont la conséquence fatale devait être la ruine et le malheur de ses peuples. Aussi les mots de surcharges financières, murmures publics, ruine des finances, gêne publique, famine, pénurie d'argent, affaiblissement de la prospérité publique, reviennent toujours, monotones et tristes, après le récit des grandes œuvres du règne.

On connaît la lettre, ou plutôt le mémoire

que Fénelon adressa au roi sous le pseudo-
nyme de *l'Inconnu*. Parmi les reproches de
Fénelon, quelques-uns sont injustes; quand,
par exemple, il lui dit qu'il écarte tout mérite
éclatant; mais il est dans le vrai quand il
dépeint la misère des peuples, car, sur ce
sujet, tous les témoignages concordent :

« Vos peuples que vous devriez aimer
comme vos enfants et qui ont été jusqu'ici si
passionnés pour vous, meurent de faim. La
culture des terres est presque abandonnée;
les villes et la campagne se dépeuplent, tous
les métiers languissent et ne nourrissent plus
les ouvriers. Tout commerce est anéanti. La
France entière n'est plus qu'un grand hôpital
désolé et sans provisions. Les magistrats sont
avilis et méprisés. La noblesse, dont tout le
bien est en décret, ne vit que de lettres d'État.
Vous êtes importuné par la foule de gens qui
demandent et qui murmurent. Le peuple qui
vous a tant aimé, qui a eu tant de confiance
en vous, commence à perdre l'amitié, la
confiance et même le respect. Vos victoires et
vos conquêtes ne le réjouissent plus, il est
plein d'aigreur et de désespoir. Les émotions
populaires, qui étaient inconnues depuis si
longtemps, deviennent fréquentes. Paris

même, si près de vous, n'en est pas exempt. Les magistrats sont contraints de tolérer l'insolence des mutins et de faire couler sous main quelque monnaie pour les apaiser ; ainsi on paye ceux qu'il faudrait punir. Vous êtes réduit à la honteuse et déplorable extrémité ou de laisser la sédition impunie, ou de faire massacrer avec inhumanité des peuples que vous mettez au désespoir en leur arrachant, par vos impôts pour cette guerre, le pain qu'ils tâchent de gagner à la sueur de leurs visages (1). »

De son côté, Vauban disait : « Près de la dixième partie du peuple est réduite à mendier ; des neuf autres parties, cinq ne peuvent faire l'aumône à celle-là dont elles ne diffèrent guère ; trois sont fort malaisées ; la dixième ne compte pas plus de cent mille familles, dont il n'y a pas dix mille fort à leur aise. »

Les rapports des intendants confirment les assertions de Fénelon et de Vauban : « La misère des paysans est telle, dit le rapport de la généralité de Paris, que les enfants deviennent maladifs, faibles et de courte vie, parce

(1) *Histoire du règne de Louis XIV*, par C. Gaillardin.

qu'ils manquent des commodités que procure une bonne génération et éducation. » L'intendant de La Rochelle dit : « L'extrême pauvreté et misère des paysans les contraint à retrancher leur nourriture et leurs forces, et les fait mourir avant l'âge. » Dans la Beauce, le pays le plus plantureux de France, les paysans mangeaient de l'orge et du seigle ; les plus riches pouvaient ajouter à leur pain un peu de salaison ; en Champagne, ils mangeaient du blé noir toute l'année, et ils ne rapportaient du marché que ce qu'il leur fallait pour payer les impôts. Dans d'autres généralités, celle de Moulins, par exemple, la situation des gens de la campagne était plus lamentable encore.

Boisguillebert, lieutenant au bailliage de Rouen, affirmait qu'en Normandie, « les peuples s'estimeraient heureux s'ils pouvaient avoir du pain à peu près leur nécessaire, ce qu'on ne voit presque jamais ». Vauban a donc pu dire : « S'il plaisait à Votre Majesté d'envoyer nombre de gens bien affidés dans les provinces pour en faire une visite exacte jusqu'aux points les plus reculés et les moins fréquentés, Sa Majesté serait très surprise d'apprendre, que, hors le fer et le feu, qui,

Dieu merci, n'ont pas encore été employés aux contraintes de ses peuples, il n'y a rien qu'on ne mette en usage, et que tous les pays qui composent ce royaume sont universellement ruinés (1). »

Louis XIV, oubliant les immenses services du maréchal, eut beau faire condamner au pilori le mémoire de Vauban et traiter son auteur « d'insensé pour l'amour du public », le pays était, en effet, tellement ruiné qu'on était réduit aux mesures les plus violentes pour faire rentrer l'argent. Le 30 octobre 1675, Mme de Sévigné écrivait à sa fille : « Voulez-vous savoir des nouvelles de Rennes ? Il y a toujours cinq mille hommes, car il en est venu encore de Nantes. On a fait une taxe de 100 000 écus sur le bourgeois ; et si on ne les trouve pas dans les vingt-quatre heures, elle sera doublée et exigible par les soldats. On a chassé et banni toute une grande rue, et défendu de les recueillir sur peine de vie ; de sorte qu'on voyait tous ces misérables, vieillards, femmes accouchées, enfants, errer en pleurs au sortir de cette ville, sans savoir où aller, sans avoir de nourriture, ni de quoi

(1) *Histoire du règne de Louis XIV*, par C. Gaillardin, *passim*.

se coucher. On roua avant-hier un violon qui avait commencé la danse et la pillerie du papier timbré ; il a été écartelé après sa mort, et ses quatre quartiers exposés aux quatre coins de la ville comme ceux de Josseran à Aix. Il dit en mourant que c'étaient les fermiers du papier timbré qui lui avaient donné 25 écus pour commencer la sédition, et on n'en a jamais pu tirer autre chose. On a pris soixante bourgeois ; on commence demain à pendre. Cette province est un bel exemple pour les autres, et surtout de respecter les gouverneurs et les gouvernantes, de ne point leur dire d'injures et de ne point jeter des pierres dans leur jardin... Je reviens à notre Bretagne : tous les villages contribuent pour nourrir les troupes et l'on sauve son pain en sauvant ses denrées ; autrefois on les vendait et on avait de l'argent ; mais ce n'est plus la mode, on a changé tout cela... Enfin vous pouvez compter qu'il n'y a plus de Bretagne et c'est dommage... On ne pourrait pas présentement trouver 10 000 fr. dans cette province. »

Le ton badin de cette lettre contraste d'une façon lugubre avec les faits qu'elle raconte, et prouve que, même chez les âmes bonnes, les préjugés du temps avaient singulièrement émoussé les sentiments chrétiens.

Il serait exagéré de dire que les dépenses personnelles de Louis XIV furent la principale cause de cette misère, car nous en verrons tout à l'heure une cause plus générale et plus profonde ; mais, quand on étudie ce côté sombre du grand règne, on ne pense pas sans un serrement de cœur aux millions dépensés pour Versailles et aux fêtes éblouissantes qui s'y donnaient ; à Mme de Montespan, dont le château de Clagny coûta plus cher que l'hôtel des Invalides et qui, en un seul jour, perdait au jeu 700 000 écus (10 millions d'aujourd'hui) ; à la pluie d'or qui fit comparer, à Danaé, Mlle de Fontanges, en un mot, à tous ces gaspillages d'argent qui, en face d'un peuple mourant de faim, sont un défi à l'humanité.

Dès les premiers jours de la Régence, le duc de Noailles, président du Conseil des finances, institua une Chambre de justice contre les traitants qui, sous le règne précédent, avaient exploité l'État et le peuple, car « l'histoire financière de l'ancien régime n'offre qu'une alternative de déprédations de financiers sur le peuple et de violences du pouvoir sur les

financiers (1) ». Quatre mille soixante-dix
agents devaient rendre compte de leur gestion,
mais, grâce à la protection des courtisans,
des femmes influentes, grâce même à l'argent
distribué aux membres de la Chambre de justice, le plus grand nombre des coupables
échappa au châtiment. La Chambre de justice,
devenue inutile, fut supprimée par un édit
de 1717. Le préambule de cet édit est très
instructif; il déclare, en effet, que « la corruption s'était tellement répandue que presque
toutes les conditions en avaient été infectées,
en sorte qu'on ne pouvait employer les plus
petites sévérités pour punir un si grand
nombre de coupables, sans causer une interruption dangereuse dans le commerce et une
espèce d'ébranlement général dans le corps
de l'État ». Les pillards étaient donc en si
grand nombre qu'il fallait renoncer à les
poursuivre sous peine de bouleverser l'État.

C'est alors que se présenta l'Écossais Jean
Law avec un système qui devait mettre les
finances à flot; on sait ce qu'il en advint.

Malgré son amour pour l'économie, Fleury
abandonna un jour, en 1726, aux fermiers

(1) Henri Martin.

généraux quelques reliquats que le Trésor négligeait ; ils en tirèrent 100 millions.

Je ne dirai qu'un mot du règne de Louis XV, car il est pénible de réveiller d'aussi tristes souvenirs. A la fin de 1740, d'Argenson disait « qu'il était mort plus de Français de misère depuis deux ans que n'en avaient tué toutes les guerres de Louis XIV ». Faisons la part de l'exagération ; le tableau n'en demeure pas moins lugubre. Qu'on lise ensuite, dans les livres si documentés de MM. de Goncourt, le détail des dépenses folles, du luxe insensé de la marquise de Pompadour et de Mme Dubarry, et l'on saura à quoi s'en tenir sur une époque dont il est impossible de dissimuler les malheurs et les hontes.

L'honnête Louis XVI allait se heurter à une situation désespérée. Il commença par déclarer que, le bonheur des peuples dépendant d'une sage administration financière, il allait réduire les dépenses personnelles du roi et le faste de la cour ; en conséquence, il faisait grâce à ses peuples du don de joyeux avènement (1) ; il appela aux affaires Turgot et Malesherbes.

(1) Le don de joyeux avènement de Louis XV, affermé 23 millions, en avait coûté 41 aux contribuables.

Les privilégiés, effrayés des réformes projetées par Turgot, assiégèrent le roi, qui eut la faiblesse de céder. Necker succomba aussi après la publication de son fameux *Compte rendu de l'état des finances*. Que deviendraient les courtisans, si la lumière se faisait dans cet antre dont les ombres favorisaient leurs vols éhontés? A Necker succéda de Calonne (1) et nous avons déjà vu quelle route M. de Calonne faisait prendre aux deniers publics : son administration fut une véritable orgie financière. Son successeur, Loménie de Brienne, après avoir dépouillé les hôpitaux pour essayer de remplir une caisse toujours vide, fut obligé de se retirer et, à la nouvelle que le roi rappelait Necker, la foule amassée chaque soir sur le Pont-Neuf obligeait les passants à crier : « Vive Henri IV ! » Ainsi, à la veille des États généraux qui devaient marquer la fin de l'ancien régime, le peuple se consolait de ses souffrances en évoquant le souvenir glorieux de ce roi dont le nom jetait un dernier éclat sur les jours, désormais comptés, de l'antique monarchie française.

____

(1) Je passe les ministères secondaires de Joli de Fleury et de d'Ormesson.

La rapacité des gens de cour, les exactions de toutes sortes, le pillage des finances n'étaient pas les seules causes de la misère publique ; il y en avait une autre permanente qui tenait à la constitution même de la société : l'inégalité dans la répartition de l'impôt.

On se souvient qu'aux États généraux de Tours, un orateur de la noblesse, Philippe de Poitiers, avait dit que les trois ordres, le clergé, la noblesse, le tiers état, portaient également le fardeau des charges publiques.

Le clergé priait ;
La noblesse se battait ;
Le tiers état payait.

Je ne m'arrête pas à discuter l'affirmation quant à l'*égalité* des charges, je retiens celle-ci seulement : le tiers état payait. Il payait beaucoup en effet : sur lui seul tombait l'impôt foncier, c'est-à-dire la taille réelle, la dîme qui était ici du quarantième, là du quart du produit brut, les droits seigneuriaux et la corvée. La taille était perçue avec une telle rigueur que si, dans une localité, elle ne rendait pas la somme exigée, on emprisonnait, jusqu'à ce qu'ils eussent comblé le déficit,

quatre des principaux taillables, quand bien
même ils auraient été personnellement en
règle avec le fisc.

A la taille, il faut ajouter le vingtième, la
capitation, l'impôt de corvées, la gabelle et les
aides.

Cette charge écrasante était odieuse parce
que les ordres privilégiés ne payaient pas ou
payaient peu : « Les collecteurs s'arrêtent
devant eux parce que le roi sent bien que la
propriété féodale a la même origine que la
sienne; si la royauté est un privilège, la sei-
gneurie en est un autre ; le roi n'est lui-même
que le plus privilégié des privilégiés. Le plus
absolu, le plus infatué de son droit, Louis XIV,
a eu des scrupules lorsque l'extrême nécessité
l'a contraint de mettre sur tous l'impôt du
dixième.

« Des traités, des précédents, une coutume immémoriale, le souvenir du droit
antique retiennent encore la main du fisc.
Plus le propriétaire ressemble à l'ancien souverain indépendant, plus son immunité est
large... Le privilégié évite ou repousse la taxe,
non seulement parce qu'elle le dépouille, mais
encore parce qu'elle l'amoindrit ; elle est un
signe de roture, c'est-à-dire d'ancienne ser-

vitude, et il résiste au fisc autant par orgueil que par intérêt (1). »

D'abord le clergé a eu l'habileté de se taxer lui-même, et le *don gratuit*, environ 3 millions par an, est loin de représenter la somme qu'il aurait versée au Trésor si on lui avait appliqué les principes de la taille. Les nobles ont mille manières d'esquiver la capitation, car on n'ose pas les serrer de trop près : « On est infiniment circonspect envers les personnes d'un rang distingué », disait Turgot. Ainsi, en Champagne, par exemple, sur 1 500 000 livres d'impôt de capitation, ils n'en payent que 14 000 ; c'est-à-dire 2 sous 2 deniers pour le même objet qui en coûte 12 au taillable. Les plus riches étaient les plus habiles à frauder le fisc, et ils étaient les plus habiles parce qu'ils étaient les plus forts : « Je paye à peu près ce que je veux », disait le duc d'Orléans qui avait 11 500 000 livres de rente. Les princes du sang, qui, pour leurs deux vingtièmes, auraient dû payer 2 400 000 livres, n'en payaient que 188 000.

Au moment où les États généraux allaient s'ouvrir, le tiers état n'était pas de l'avis de

____

(1) Taine, *l'Ancien Régime.*

Philippe de Poitiers : « Sire, disait-il au roi, ce qui nous fait bien de la peine, c'est que ceux qui ont le plus de bien payent le moins. Nous payons les tailles et tout plein d'ustensiles, et les ecclésiastiques et les nobles, qui ont les plus beaux biens, ne payent rien de tout cela. Pourquoi donc est-ce que ce sont les riches qui payent le moins et les pauvres qui payent le plus? Est-ce que chacun ne doit pas payer selon son pouvoir? Sire, nous vous demandons que cela soit ainsi, parce que cela est juste. »

A la taille, il faut ajouter la corvée.

Quand il s'agissait de créer une route, l'État ne faisait les frais que du tracé et des travaux d'art, tout le reste était fourni par la corvée. Il était tellement reçu que le tiers état seul était corvéable que, quand Turgot voulut remplacer la corvée par un impôt que payeraient les propriétaires riverains, le Parlement, qui se sentait atteint, protesta en disant : « Le peuple est taillable et corvéable à volonté, c'est une partie de la Constitution que le roi ne peut pas changer. » C'est à cette occasion que Louis XVI prononça la parole célèbre : « Je vois bien qu'il n'y a que M. Turgot et moi qui aimions le peuple. »

Ce pauvre peuple écrasé par la taille était torturé par la gabelle : « Il est impossible d'imaginer un impôt plus mal réparti et plus despotiquement perçu que ne l'était la gabelle. C'était une œuvre du moyen âge, restée entière dans son inintelligence, sa dureté et sa violence contre le peuple. Le sel avait complètement cessé d'être une marchandise dans la plupart des provinces de France. Il était déposé dans les greniers. Les agents et les traitants en imposaient à leur caprice telle quantité qu'ils voulaient à chaque citoyen, même dans le cas où cette quantité excédait ce que le contribuable voulait et pouvait en consommer; de plus ils le lui faisaient payer au prix fixé par le Gouvernement, si élevé, si excessif qu'il pût être. Il était défendu au contribuable de recevoir du sel en dons, de revendre aucune portion de la quantité qui lui avait été assignée, même quand il en avait de trop. Les poursuites pour la répression de ces contraventions étaient nombreuses; elles étaient infinies et terribles pour le cas où le contribuable, surtout dans les campagnes, avait caché le nombre des membres de sa famille, et pour le cas où il s'était procuré du sel par contrebande. Après les poursuites venaient les recherches dirigées par le pouvoir pour s'assurer si, par suite des changements de domicile et de vingt autres circonstances pareilles, les imposables avaient satisfait ou non à la gabelle. Tous les ordres avaient été soumis à cet impôt. La noblesse, le clergé, la bourgeoisie en étaient quittes pour des vexations infinies et pour l'acquittement de droits que leur aisance leur permettait de supporter. Quant au paysan, que l'avidité et surtout la misère poussaient à frauder le Gouvernement, la gabelle entraînait pour lui les frais de poursuites, les amendes, la prison, la ruine (1). »

Le sel coûtait très cher : 13 sous la livre (monnaie du temps) ; au-dessus de sept ans tout le monde était obligé d'en acheter 7 livres par an ; les collecteurs pour la répartition du sel étaient nommés d'office et solidairement responsables, comme pour la taille. Des malheureux qui n'ont pas de pain sont arrêtés pour n'avoir pas acheté du sel. Le sel destiné à *la salière* ne peut pas servir pour faire des salaisons et, si on sale un

(1) Auguste Poirson.

porc avec le sel destiné au ménage pro- prement dit, l'amende est de 300 livres et le porc est confisqué. Chaque année, quatre mille saisies domiciliaires, trois mille quatre cents emprisonnements, cinq cents condamnations au fouet, au bannissement, aux galères, tels sont les résultats des infractions aux règle- ments de la gabelle. La gabelle était la grande pourvoyeuse des prisons et des galères.

La répression de la contrebande du sel était terrible : une ordonnance de 1646 per- met d'employer le canon contre les contre- bandiers qui se cachent dans les maisons.

Les droits seigneuriaux venaient s'ajouter aux charges que je viens d'énumérer :

Le *ban des vendanges*, qui fixait le moment des vendanges selon le plaisir du seigneur, d'où il résultait souvent une récolte ou moisie ou pas assez mûre; le *banvin* ou droit du seigneur de vendre seul du vin pendant qua- rante jours; le *brennage*, impôt en grains pour les meutes seigneuriales; les *lods* et *ventes* ou droit de mutation, qui variait du sixième au douzième de la valeur; le *champart*, droit prélevé sur toute terre labourable avant que le cultivateur ait rien enlevé de sa récolte; le *préage* ou droit qu'a le seigneur de faire

paître ses troupeaux dans les prés de ses
vassaux ; le *fouage*, impôt sur chaque maison ;
le *pulvérage*, droit prélevé sur les troupeaux
qui passent ; *péages*, impôt sur les chemins,
bacs et bateaux ; droit d'*acapte*, impôt d'une
année de fruits payable à la mort du cen-
sitaire ; la *taille seigneuriale*, exigible pour les
noces du seigneur et à la naissance d'un
nouveau-né ; *droit de banalité*, qui forçait les
vassaux à venir au moulin, au four, au
pressoir seigneurial avec défense d'en con-
struire d'autres qui auraient diminué le droit
de banalité ; *droit de colombier* ou privilège
exclusif d'élever des pigeons qui venaient, par
milliers, s'abattre sur les récoltes sans qu'il
fût permis de les tuer... Les droits seigneuriaux étaient comme les mailles d'un filet
qui enserrait de toute part le malheureux
vassal.

Le droit de *garenne* ou droit exclusif de
chasse était l'un des privilèges les plus
abusifs et les plus vexatoires.

A propos de ce droit, M. Taine ne craint
pas d'affirmer que « les capitaines de chasse,
veneurs, gardes forestiers, gruyers, protègent
les bêtes comme si elles étaient des hommes et
poursuivent les hommes comme s'ils étaient

des bêtes ». Et, en effet, quelques cahiers des États généraux de 1789 se plaignaient « que les bêtes fussent préférées aux hommes ».

Le gibier, protégé comme les hommes ne l'étaient certainement pas, ravageait les récoltes ; les cerfs et les biches venaient, en plein jour, manger les récoltes dans les champs et, pendant la nuit, saccageaient tout dans les jardins. Les cultivateurs, qui ne pouvaient se défendre contre le gibier qu'à coups de pierres *sans lui faire du mal*, étaient découragés et abandonnaient leurs champs en friche.

A tout particulier habitant une capitainerie, il est interdit d'enclore, sans permission, ses propriétés de murs ou de haies, et, si la permission lui est accordée, il devra laisser un large espace pour que la chasse puisse passer à l'aise. Il ne pourra faucher que lorsque les couvées de perdrix seront écloses, et, pour ne pas gêner les couveuses, il ne pourra pas aller dans son champ arracher les mauvaises herbes : « Le législateur, dit à ce propos M. Taine, aurait moins d'égards pour une femme en couches. » Mais les chiens, qui ne connaissent pas la loi, iront peut-être surprendre la perdrix sur son nid.

Le législateur a pensé à tout ; aussi le chien sera toujours tenu en laisse ou ne sortira qu'avec un billot attaché au cou : le règlement est formel et s'applique même aux chiens impropres à la chasse.

Dans certaines provinces reculées, en Bretagne, par exemple, les seigneurs qui vivaient sur leurs terres du maigre revenu de leurs domaines, étaient doux, humains, familiers même avec leurs vassaux : ils allaient chez eux, causaient avec eux de leurs affaires, se réjouissaient de leurs joies ou s'attristaient de leurs malheurs ; ils assistaient aux noces des villageois et s'asseyaient à leur table. Le dimanche, à la messe, le curé annonçait que tel jour on irait avec M. le baron tirer le loup ou le sanglier, et le soir on dansait dans la cour du château. Cette familiarité, tempérée par le respect, était le résultat de la vie en commun dans un temps où l'on ne voyageait pas beaucoup ; on se connaissait depuis longtemps et, malgré la dureté des lois, la noblesse campagnarde rendait à ses vassaux la vie assez douce. Mais cette tranquillité était à la merci de bien des changements. A un seigneur débonnaire pouvait succéder un maître dur et hautain ; que de souffrances alors jusqu'à la tenue des *Grands Jours :* « Il y avait, dans les gouverneurs de provinces, dans la noblesse, dans les seigneurs de campagne, dans les soldats rassemblés au milieu des populations, des instincts d'arbitraire, de violences, de rapines, d'insolence, qui s'émancipaient à l'occasion et ne cédaient qu'à une répression supérieure (1). » Cette répression supérieure était l'œuvre des intendants envoyés par le roi pour réparer les injustices des tyranneaux de province, c'est ce qu'on appelait les *Grands Jours.* Fléchier nous a laissé le récit des Grands Jours d'Auvergne, tenus à Clermont en 1665 : « Il y a plus de soixante ans, dit-il, que le marquis de Canillac a commencé d'être méchant, et il n'a jamais cessé de l'être depuis ce temps-là. Il est chef d'une maison illustre qui se glorifie d'avoir donné deux Papes à Rome et plusieurs capitaines à la France. Je ne m'arrêterai point à raconter tous les dérèglements dont il est accusé ; il suffit de dire qu'il a pratiqué tout ce que la tyrannie peut inventer en matière d'impositions. On levait, dans ses terres, la taille de monsieur, celle de madame et celle de tous les enfants de la maison, outre

(1) C. Gaillardin.

celle du roi. Pour empêcher les murmures, il entretenait dans ses tours douze scélérats qu'il appelait ses douze apôtres, qui catéchisaient avec l'épée ou avec le bâton ceux qui étaient rebelles à sa loi. Il leur avait donné des noms fort peu apostoliques, appelant l'un *Sans-Finance*, l'autre *Brise-Tout*, et ainsi du reste. Par la terreur que donnaient ces noms effroyables, il imposait des sommes assez considérables sur la viande qu'on mange ordinairement, et, comme on pratiquait un peu trop d'abstinence, il tournait l'imposition sur ceux qui n'en mangeaient pas. Le plus grand revenu qu'il avait était celui de la justice : il faisait, pour la moindre chose, emprisonner et juger des misérables, et il les obligeait à racheter leurs peines par argent. Il eût voulu que tous ses justiciables eussent été de son humeur, et les engageait souvent à de méchantes actions, pour les leur faire payer avec beaucoup de rigueur. » A la nouvelle des Grands Jours, il s'enfuit en Espagne. Pour permettre à ses vassaux de se marier, un marquis de Montvallais prenait la moitié de la dot de la future ; un baron de Sénégas fit mourir en prison un malheureux qui avait osé porter plainte contre lui ; un baron de Veyrac tua un notaire qui lui avait dressé procès-verbal; un sieur de Saint-Léonard enlevait l'argent de la taille sur les grands chemins; un chevalier de Broves en faisait autant et personne n'osait l'arrêter; un sieur de Castel-Ferrus partageait les profits des crimes de son lieutenant de justice, le sieur du Sol, qui avait à ses ordres quatre notaires chargés de fabriquer des faux. On peut juger, par ces faits, quel était le sort des malheureux paysans exploités par des maîtres pareils. Or le mal était si profond que, dans l'espace de quatre mois, les agents du roi jugèrent quatre mille causes; la peine de mort, la roue, le fouet, les galères, le bannissement firent justice des coupables.

Peut-on s'étonner maintenant de la misère du peuple qui, outre les impôts *réguliers*, avait encore à souffrir de semblables oppressions? Pour ne pas exciter la convoitise des exploiteurs, il en est réduit à simuler une pauvreté plus grande encore qu'elle n'est en réalité, et cependant il ne lui reste guère que ce qui n'a pas pu être pris.

« En 1725, dit Saint-Simon, au milieu des profusions de Strasbourg et de Chantilly, on vit en Normandie d'herbes des champs. Le premier roi de l'Europe ne peut être un grand roi s'il ne l'est que de gueux de toutes conditions, et si son royaume tourne en un vaste hôpital de mourants à qui on prend tout en pleine paix. » Au plus beau temps de Fleury et dans la plus belle région de France, le paysan « cache son vin à cause des aides et son pain à cause de la taille, persuadé qu'il est un homme perdu si l'on peut se douter qu'il ne meurt pas de faim. » En 1739, d'Argenson écrit dans son journal : « La disette vient d'occasionner trois soulèvements dans les provinces, à Ruffec, à Caen et à Chinon. On a assassiné sur les chemins des femmes qui portaient du pain. M. le duc d'Orléans porta l'autre jour au Conseil un morceau de pain de fougère, le mit devant la table du roi et dit : « Sire, voilà de « quel pain se nourrissent aujourd'hui vos « sujets. » Dans mon canton de Touraine, il y a déjà plus d'un an que les hommes mangent de l'herbe. » De toutes parts la misère se rapproche : « On en parle à Versailles plus que jamais. Le roi interrogeant l'évêque de Chartres sur l'état de ses peuples, celui-ci a répondu que la famine et la mortalité y étaient telles que les hommes mangeaient de l'herbe comme des moutons et crevaient comme des mouches. » En 1740, Massillon, évêque de

Clermont-Ferrand, écrit à Fleury : « Le peuple de nos campagnes vit dans une misère affreuse, sans lits, sans meubles; la plupart même, la moitié de l'année, manquent du pain d'orge et d'avoine qui fait leur unique nourriture et qu'ils sont obligés d'arracher de leur bouche et de celle de leurs enfants pour payer leurs impositions. J'ai la douleur, chaque année, de voir ce triste spectacle devant mes yeux dans mes visites. C'est à ce point que les nègres de nos îles sont infiniment plus heureux, car en travaillant ils sont nourris et habillés, avec leurs femmes et leurs enfants ; au lieu que nos paysans les plus laborieux du royaume ne peuvent, avec le travail le plus dur et le plus opiniâtre, avoir du pain pour eux et leur famille et payer les subsides (1). »

Au-dessus de ce peuple *martyr* (c'est l'expression dont se servira Mgr de la Fare, évêque de Nancy, au discours d'ouverture des États généraux), au-dessus de ce peuple martyr, planaient les ordres privilégiés; le haut clergé et la noblesse; surtout la noblesse de cour; et plus haut encore, sur une cime dont l'élévation donnait le vertige à celui qui y était

____

(1) Taine.

assis, le Roi, — le Roi, astre éblouissant autour duquel gravitaient, comme de gracieux satellites, tous les noms glorieux de l'ancienne France. Comme ils étaient loin les temps où Hugues Capet demandant à Adalbert, comte de Périgord : « Qui t'a fait comte ? » recevait cette fière réponse : « Qui t'a fait roi ? » Les descendants d'Adalbert sont maintenant prosternés devant celui dont autrefois ils étaient *les pairs*, et le descendant de Hugues Capet devait être tenté de se croire plus qu'un homme. Il est entouré d'une garde de neuf mille hommes, coûtant chaque année 7 681 000 livres ; il a une écurie de dix-huit cent cinquante-sept chevaux, deux cent dix-sept voitures et quatorze cents hommes, dont la livrée seule coûte 540 000 livres par an. Il faut bien qu'il puisse parfois se reposer des soucis du gouvernement ; il va donc à la chasse, et ce passe-temps lui coûte plus de 1 million tous les ans ; il est le roi très chrétien, aussi il a soixante-quinze aumôniers, chapelains, chantres, etc. Si haut qu'il soit au-dessus de l'humanité, il est soumis à la condition commune, il faut qu'il mange ; les comptes de sa cuisine s'élèvent à 2 177 771 livres ; son service immédiat occupe cent quatre-vingt-dix-huit personnes (1)... La nomenclature est trop longue, je m'arrête, mais je ne puis m'empêcher de penser que c'était beaucoup pour un seul homme.

Et « le peuple ressemble à un homme qui marcherait dans un étang ayant de l'eau jusqu'à la bouche ; à la moindre dépression du sol, au moindre flot, il perd pied, enfonce et suffoque. En vain la charité ancienne et l'humanité nouvelle s'ingénient pour lui venir en aide ; l'eau est trop haute. Il faudrait que son niveau baissât et que l'étang pût se dégorger par quelque large issue. Jusque-là le malheureux ne pourra respirer que par intervalles, et, à chaque moment, il courra risque de se noyer (2) ».

C'est bien là le peuple dont Mgr de la Fare dira, dans le discours d'ouverture des États généraux : « Sire, le peuple sur lequel vous régnez a donné des preuves non équivoques de sa patience. C'est un peuple martyr à qui la vie semble n'avoir été laissée que pour le faire souffrir plus longtemps. »

Il était nécessaire de constituer une société

(1) Taine.
(2) Taine, *l'Ancien Régime.*

nouvelle sur d'autres bases. Tant de misère en bas, tant de splendeur en haut étaient un spectacle dont devait souffrir tout homme ayant quelque souci de l'humanité. A plus forte raison un chrétien devait-il souhaiter la fin d'un état de choses qui était la négation même des maximes fondamentales de l'Évangile.

Cette rénovation sociale fut la tâche que s'imposèrent les États généraux de 1789.

CHAPITRE V

LE DROIT DE PROPRIÉTÉ

Le droit de propriété se déduit logiquement du droit à la vie.

Si j'ai le droit de vivre, j'ai aussi, et par le fait même, droit sur ce qui est absolument indispensable à la conservation de ma vie : j'ai donc droit à la nourriture sans laquelle je suis fatalement condamné à la mort. Si on conteste ce droit, si on peut, sans violer la justice, me priver de la nourriture nécessaire, il est évident qu'on nie mon droit à la vie.

Comment le pain est-il venu en ma possession? comment est-il devenu ma propriété?

Je l'ai acheté ou bien j'ai moi-même cultivé le champ qui l'a produit. Dans le premier cas, si l'argent ne m'appartient pas, on pourra m'arracher le pain dont il est le prix ; dans le second cas, si le champ n'est pas à moi, un autre aura le droit de récolter le blé et, par conséquent, de me priver du pain sur lequel je comptais pour vivre. Mais dans l'un et l'autre cas, si je ne suis pas propriétaire de l'argent ou du champ, ma vie sera complètement aléatoire.

Quand on ne considère que la nature de l'homme et des choses, le droit est inné, commun à tous, le même pour tous; il n'a de limite que l'obligation de ne pas troubler les autres dans la jouissance des choses qui déjà leur sont acquises. Il s'agit donc de savoir d'où viennent le droit d'acquérir et le devoir de ne pas troubler les acquéreurs, c'est-à-dire de savoir quel est le fondement de la propriété privée.

Le fondement de la propriété privée est inébranlable; il s'appelle la nécessité.

Les fruits spontanés de la terre ne pouvant suffire, tant s'en faut, à la nourriture des hommes, il est nécessaire d'y suppléer par une culture assidue. Or, si le cultivateur n'est pas certain de pouvoir jouir des fruits de son travail, il se croisera les bras et la terre restera inculte. Qui, en effet, le forcera à un labeur ingrat? que lui importe qu'un champ soit couvert de ronces ou de moissons, si la moisson n'est pas, pour lui, plus rémunératrice que les ronces? Il se condamnera à un travail opiniâtre à une condition, c'est que le champ sera à lui. Si la terre n'avait pas été divisée en propriétés privées et individuelles, elle serait donc demeurée inféconde et incapable, par conséquent, de nourrir ses habitants.

Le droit de propriété est donc naturel dans ce sens qu'il est l'une des conditions indispensables à la vie.

Sans doute le droit *sur telle propriété* en particulier n'est pas déterminé par la nature qui n'a pas spécifié à qui appartiendrait telle partie de la terre, mais il est naturel, dans ce sens, que, dans les conditions présentes de l'humanité, le droit à la vie ne peut s'exercer sans le droit de propriété individuelle.

Un exemple pour préciser ma pensée.

Assurément le droit à la fondation de la famille est un droit naturel, mais la nature n'a pas désigné à tel homme celle qui doit coopérer à l'exercice de ce droit primordial. Est-ce à dire que le droit cesse d'être un droit naturel quand le choix a été fait et consenti de part et d'autre? Nullement.

De même lorsque, par son travail, l'homme

13.

a cultivé une portion de la terre qui auparavant n'était à personne, ce coin de terre lui appartient comme lui appartient l'épouse qu'il s'est choisie.

La thèse est la même s'il s'agit d'une propriété acquise au prix d'un argent légitimement gagné.

A la base du droit de propriété nous trouvons donc, avec le droit à la vie, une grande et sainte chose, le travail.

Le droit de propriété ne se limite pas à ce qui est strictement indispensable à l'alimentation. Il faut se vêtir et se loger. Il est donc nécessaire que le champ que je cultive me donne, outre la nourriture, les moyens d'acheter des vêtements et de faire bâtir une maison; il faut donc qu'il y ait, outre les cultivateurs, des artisans qui me procureront, en échange du pain que je leur vendrai, des habits, une maison et tout ce que comporte une habitation adaptée aux besoins de la vie.

La nourriture, les vêtements et l'habitation ne me mettent pas à l'abri des maux sans nombre auxquels je suis exposé.

Quand la maladie survient, j'éprouve naturellement le désir d'adoucir les souffrances que j'endure; pour que ce désir ne soit pas vain, il faut que je rencontre, parmi mes semblables, des hommes qui mettront à mon service la science de guérir. Comment auront-ils acquis cette science ? Quand auront-ils eu le temps d'étudier, si toute leur vie a été absorbée par des travaux manuels ? Il faut, pour se livrer à l'étude d'une science, quelle qu'elle soit, être dégagé du souci du pain quotidien ; sans cela il ne peut y avoir, dans une société, que des cultivateurs et des manœuvres : plus de savants, plus d'artistes, plus d'orateurs, plus d'hommes d'État. Les facultés les plus hautes de l'âme resteront incultes si la terre absorbe toute l'activité humaine, si les fils sont, comme ont été leurs pères, condamnés aux âpres labeurs du travail matériel.

Or, en dehors de la thèse du droit de propriété privée et du principe de l'hérédité qui en est la conséquence puisque le fils n'est que la continuation de la personnalité du père, une société sera dépouillée de tout ce qui fait la gloire et le légitime orgueil de notre race. Si le père de Bossuet ne lui avait pas laissé *de quoi vivre*, c'est-à-dire la possibilité de féconder, par l'étude, les dons merveilleux qui étaient en lui, le grand Évêque aurait-il écrit le Discours sur l'histoire universelle et tous ces chefs-d'œuvre qui ont tant ajouté au glorieux patrimoine de l'humanité?

La tranquille possession de la propriété privée et le droit de la transmettre aux descendants sont donc la condition *sine qua non* de la vie matérielle et de la culture intellectuelle. Les peuples qui n'admettent pas ce double principe ne sortent jamais de la barbarie, ou bien ils y retournent quand ils en méconnaissent les bienfaits.

Je disais tout à l'heure que le travail est le fondement de la propriété privée ; mais il ne faut pas entendre par là seulement le travail des champs ; j'ai voulu parler de tout travail, quel que soit l'objet sur lequel il s'exerce.

Un ouvrier gagne, je suppose, 5 francs par jour : quand, le soir ou à la fin de la semaine, il reçoit le prix de son travail, l'argent qu'on lui donne et qui lui est dû lui appartient-il ? Évidemment. On ne peut pas soutenir qu'il appartient au paresseux qui se reposait tandis que l'autre travaillait. Le salaire est la propriété du travailleur. Il est donc libre d'en disposer à son gré ; il peut le dépenser ou en garder une partie. Si, pendant des années, il a mis de côté, toutes les semaines, une part de son salaire, il se trouvera propriétaire d'un capital qui n'est autre chose que l'accumulation des salaires. S'il achète une maison, sa maison ne sera que le salaire sous une autre forme. Sa propriété foncière sera, par conséquent, aussi légitimement à lui que le salaire lui-même et on ne pourra pas plus lui en contester la jouissance qu'on n'aurait pu, en justice, lui voler son argent le jour de la paye.

Un philosophe médite sur les plus graves problèmes qui sollicitent l'intelligence humaine ; un poëte écoute les voix qui chantent dans son âme et il les traduit en un langage harmonieux et pur ; un peintre fixe sur la toile l'idéal entrevu qu'il s'est efforcé de réaliser. Ces hommes ont travaillé ; ils ont savouré les joies austères et profondes du labeur intellectuel ; ne méritent-ils pas que leurs œuvres leur donnent l'aisance de la vie ou même la richesse ? Remarquons, en outre, que tous les hommes ne sont pas doués de facultés égales et qu'ils ne fournissent pas tous la même somme de travail ; les résultats, au point de vue de la fortune acquise, ne seront pas identiques. De plus, les uns sont économes, les autres prodigues. C'est de ces causes diverses que viennent les inégalités des conditions. Les livres d'un écrivain de talent se vendront plus et plus cher que ceux d'un littérateur médiocre; les toiles d'un peintre de génie atteindront des prix élevés, tandis que les tableaux d'un autre ne trouveront pas d'acquéreurs; un artisan actif, intelligent et économe arrivera problablement à l'aisance, un ouvrier borné, paresseux et dépensier est fatalement condamné à la misère. Ce sont donc les inégalités personnelles qui font, généralement du moins, les inégalités sociales; elles sont donc naturelles, car c'est la nature qui donne à l'un des facultés refusées à l'autre. S'insurger contre ce fait, c'est exiger que tous les hommes soient, à tous les points de vue, également bien doués. L'égalité personnelle n'existe pas, par conséquent l'égalité sociale est impossible.

L'homme n'est pas une individualité isolée sans aucun rapport avec ses semblables; il fait partie d'une agglomération particulière qui, dans la grande famille humaine, lui donne des traits distinctifs, de langage, de mœurs, d'habitudes, de traditions dont l'ensemble forme ce qu'on appelle une patrie. Or la patrie suppose une portion du territoire possédée par un peuple à l'exclusion de tout autre. Si un peuple n'a pas la propriété du sol qui le porte, les nations voisines auront le droit de venir s'établir chez lui, d'y implanter leur langue, leurs mœurs et leurs idées. Ce sera, entre les peuples, une conflagration incessante et perpétuelle. Tout peuple qui défend son territoire affirme donc le droit de propriété.

J'ai fait découler le droit de propriété du droit à la vie et de la nécessité de travailler pour vivre ; quelques jurisconsultes, Montesquieu entre autres, assignent la loi civile comme origine du droit de propriété : « Les hommes, dit-il, ont renoncé à la communauté naturelle des biens pour vivre sous les lois civiles, c'est là l'origine de la propriété (1)... » Mirabeau professa la même opinion en disant :

« La propriété particulière est acquise par la force des lois, c'est la loi seule qui la constitue. »

Cette doctrine est fausse. La loi civile garantit la tranquille possession de la propriété privée ; elle réglemente les conditions qui président à sa transmission ; mais, ici pas plus qu'ailleurs du reste, elle ne crée le

(1) *Esprit des lois*, l. XXVI.

droit : son rôle se borne à le constater et à le protéger.

Si, en effet, la loi est l'unique origine du droit de propriété, elle pourra le changer à sa guise et décréter que le champ, dont mon travail a fait une terre fertile, appartiendra à un autre ; que je dois quitter *ma* maison pour faire place à un intrus ; que *mon* argent péniblement gagné passera dans la bourse du voisin ; elle pourra, en un mot, bouleverser à chaque instant toute l'économie de l'ordre social. La loi n'est plus alors l'expression du droit et le bouclier des faibles, elle devient la force brutale et un glaive toujours suspendu sur la tête de tous.

Après l'exposé des preuves sur lesquelles repose la thèse de la propriété individuelle et privée, il n'est pas inutile de faire ressortir les impossibilités de la doctrine contraire.

La propriété est supprimée ; seules, les collectivités, communes, départements, État, seront propriétaires.

Voilà le principe ; voici les conséquences :

L'État, devenu seul propriétaire, ne mettra pas les citoyens à l'abri des conditions de la vie dont la première et la plus inévitable est la nécessité de manger. Or ce ne sont pas les théories les plus ingénieuses, les systèmes les plus hardis, les appels à je ne sais quelle rénovation sociale qui font vivre.

Il faudra manger, et pour cela il faudra travailler la terre. L'État va donc décider que quelques-uns des citoyens seront destinés à la culture des champs. Et s'ils ne le veulent pas ? s'ils ne sentent ni goût, ni aptitudes pour ce genre de travail ? On les contraindra par la force ? Mais n'est-ce pas la plus formidable atteinte à la liberté individuelle ? On sera obligé d'employer les mêmes moyens pour les tisseurs, les filateurs, les maçons, les tailleurs, etc., etc... et l'on fera, de tout un peuple, un troupeau d'esclaves. Car, du moment que l'homme n'aura plus la perspective de cultiver son champ et de jouir du fruit de son travail, il se refusera à un labeur pénible et préférera un métier plus doux. Les intérêts de la collectivité le toucheront d'autant moins que ce ne seront pas les apôtres de la théorie nouvelle qui mettront la main à la charrue ; ils continueront à aligner leurs périodes sonores, et le champ restera en friche.

J'admets que les cultivateurs et les artisans consentent à travailler *par ordre ;* on ne peut pas exiger qu'ils travaillent gratuitement ; ils auront donc un salaire (1). Si le salaire est égal pour tous, l'ouvrier intelligent et laborieux n'aura pas intérêt à travailler mieux et plus que l'artisan inhabile et paresseux, puisqu'il ne doit pas gagner davantage. Si le salaire est inégal, il devra le dépenser en entier, car, s'il en garde une partie, il reconstitue la propriété privée qu'on a voulu abolir, et l'État aura le droit de perquisition pour lui faire restituer ce qui, dans le système nouveau, serait un vol fait au préjudice de la collectivité.

A propos de cette inquisition absolument odieuse et injustifiable, M. Thiers dit avec beaucoup de raison : « Moi qui aime fort l'obéissance aux lois, en voyant ce qui se passerait ici, je concevrais qu'on jetât par la fenêtre les agents de la police communiste. »

Une société qui admet, comme principe fondamental, la négation de la propriété individuelle, doit, en effet, si elle est logique, traquer les propriétaires comme aujourd'hui on poursuit les voleurs. Si donc un ouvrier ne dépense pas tout son salaire, on aura le droit de bouleverser sa maison pour chercher et

---

(1) Voir M. Thiers, *De la propriété.*

confisquer l'argent qu'il aura mis en réserve. Peut-on imaginer un état social plus misérable ?

Il est à peine nécessaire de faire remarquer que ce système anéantit l'amour du travail et tarit par conséquent la source la plus féconde de la richesse nationale.

Ce qui excite au travail, c'est le bénéfice qu'on en retire et la pensée que les enfants profiteront du fruit de nos labeurs. Mais, si tout doit aller à la collectivité, l'ardeur s'éteint, et l'ouvrier auquel on viendra dire : « Travaille avec acharnement pour que la France soit plus riche », répondra infailliblement : « J'aime mieux qu'elle le soit moins, et laissez-moi me reposer. » Un travail constant, obscur et pénible ne s'obtient que par le désir du bien-être présent et par l'espérance de procurer aux descendants une vie plus douce.

Il est enfin une dernière considération qui suffit, à elle seule, pour condamner le collectivisme : si le collectivisme triomphait, la dignité humaine et la liberté ne seraient plus qu'un souvenir.

Le P. Lacordaire a développé cette idée dans une page éloquente :

« Partout où le despotisme s'est établi dans

le monde, il a compris que la propriété était
son plus grand, pour ne pas dire son seul
ennemi. Car qu'est-ce que le despotisme?
L'ambition de posséder l'homme tout entier,
et de ne lui laisser de lui-même, dans son
corps, son âme et ses biens, qu'une ombre
tremblante devant la volonté d'un maître. Or
la propriété, si elle est vraie, c'est-à-dire
transmissible et inviolable, est incompatible
avec cet abaissement de l'humanité. L'homme
possesseur absolu du fruit de son travail et du
travail de ses aïeux a, dans la terre, une force
qui le soutient contre toute séduction, un asile
qui peut bien lui être arraché par l'exil ou par
la mort, mais où il subsiste dans les siens,
dans ceux qu'il aime plus que lui, et qui, dépositaires de ses exemples, de son souvenir et
de son droit, maintiendront la cause pour qui
succomba leur père... Elle élève l'homme jusqu'à la souveraineté; elle ramasse dans sa
personne toutes les générations qui sortiront
de lui, et les oppose à la tyrannie, comme ces
remparts élevés les uns derrière les autres
par une gradation formidable, et où l'ennemi
n'entre que pour se trouver en face d'un obstacle plus grand que celui qu'il a surmonté.

« Et si le domaine inadmissible de la terre

communique à un seul homme une telle puissance de liberté, que sera-ce d'un ensemble d'hommes tous investis de cette même puissance par ce même droit? Que faire, par le despotisme, contre une nation ainsi armée, où la propriété défend chaque homme contre la tentation de se vendre et contre le péril d'être contraint? Magnifique faisceau d'indépendance que le hasard des événements peut entamer quelquefois, mais où il ne fera qu'éclaircir les rangs, et où tôt ou tard l'honneur renaîtra dans les fils de la même cause qui le produisit dans les pères. L'honneur est le frère de la liberté humaine, et tous deux ont sur la terre un berceau qui est la propriété, et une tombe qui est la spoliation. »

Il est incontestable que la propriété est le plus solide rempart de la dignité de la vie et de la liberté. Quand un homme possède un morceau de terre qui le nourrit et une maison qui l'abrite, il n'est plus « une ombre tremblante devant la volonté d'un maître » ; il est indépendant. Sa propriété le défend contre la tentation de se vendre et de souscrire à ces honteuses capitulations auxquels conduit la nécessité de vivre. Un fonctionnaire est obligé d'obéir aux ordres de celui qui tient dans ses

mains sa situation et son avenir ; son indépendance est précaire ou plutôt nulle, et il
est bien difficile qu'il résiste aux injonctions
de quiconque peut lui dire : « Obéis ou je
t'enlève ton pain de chaque jour. »

Or, si nous supposons l'État seul propriétaire, il n'y aura plus de citoyens véritablement libres, puisque tous seront des fonctionnaires salariés.

Je comprends que l'abolition de la propriété privée soit chère aux despotes, je ne
le comprends pas de la part d'hommes qui
parlent d'honneur et de liberté. La liberté
du citoyen est en proportion directe du
respect de son droit sur sa propriété ; mais
du jour où un peuple souffre que l'État
puisse dire : « Le propriétaire, c'est moi »,
il est mûr pour la servitude, car il a accepté le principe de tous les despotismes :
« Si jamais la culture indépendante dispa-
raissait du monde, dit le P. Lacordaire,
pour faire place à une culture d'État par des
valets de république, il ne resterait qu'un
dernier service à espérer de la terre, celui
d'un tombeau. » Et, dans ce tombeau, dor-
miraient, avec le droit de propriété, l'honneur, l'indépendance, la dignité de l'âme, le

respect, tout ce qui donne enfin du prix à la vie et la force de vivre.

Si la propriété a des droits, elle impose aussi des devoirs. Le devoir des propriétaires est d'étendre les bienfaits de la propriété à ceux que leur situation sociale expose aux coups de la mauvaise fortune. Le dévouement, la justice, la charité, l'amour des petits et des pauvres doivent remédier aux inégalités inévitables de la richesse.

Lazare (1), couvert de plaies, est toujours couché à la porte de la salle où se célèbre le banquet des heureux de la vie. S'ils ne croient plus aux anathèmes dont l'Évangile menace les mauvais riches, si le *væ vobis divitibus* du Christ ne retentit plus à leurs oreilles, qu'ils entendent au moins des plaintes qui se changent en menaces quand les riches sont sans entrailles et que les pauvres n'ont pas de pain.

Je ne puis mieux terminer ce chapitre qu'en rappelant les conseils que Lamartine donnait aux républicains de 1848 : le lecteur ne se plaindra pas de la longueur de la cita-

(1) Luc, XVI.

tion, car il verra que le poète incomparable est aussi un penseur profond et un politique clairvoyant.

« Voulez-vous consolider la république ? Rendez-la acceptable et sûre pour toutes les opinions et pour tous les intérêts, car elle est à ce prix. Vous allez le comprendre :

« Le mot socialiste n'est pas ce qui devrait nous effrayer, mais c'est le sens qu'on lui donne en ce moment qui fait justement peur et horreur à la société. Le mot socialiste signifiait autrefois et devrait signifier toujours un homme qui cherche à améliorer et à perfectionner l'ordre social au bénéfice de tous ceux dont la société se compose. De ce socialisme ainsi entendu, nous en sommes tous, car il n'y a pas un homme sensé, éclairé, bien intentionné pour ses semblables, qui ne pense sans cesse aux moyens de rendre leur situation sociale plus juste, plus aisée, plus heureuse, et qui ne considère les gouvernements comme les instruments les plus puissants de ce perfectionnement... Mais les mots ne sont pas ce qu'ils sont; ils sont ce qu'on les fait. Le mot socialisme signifie pour beaucoup d'esprits, en ce moment, non pas l'amélioration, mais la destruction de l'ordre social. La république socialiste veut dire, dans certaines bouches, la république radicale, la république impatiente, la république implacable, la république expropriant ceux-ci, sous prétexte d'enrichir ceux-là ; la république commençant par ruiner tout le monde pour rétablir le niveau, non de la richesse, mais de la misère et de la faim ; la république faisant évanouir ou enfouir tous les capitaux et tous les salaires sous prétexte d'organiser le travail ; la république répudiant toutes les traditions et toutes les conditions de la civilisation connue, pour créer, par la violence et la tyrannie, un monde nouveau en opposition avec les éternels instincts que Dieu a donnés à l'homme : un monde nouveau de vérité, d'égalité et de paix, enfanté par la vengeance, par l'envie, par la haine, éclairé par la lueur des coups de fusil, inondé du sang des citoyens et organisé par les chimères... »

Après avoir rappelé cette vérité indiscutable que la famille est la base nécessaire de toute société, Lamartine continue : « Or, pour que la famille s'établisse, subsiste, se perpétue, il lui faut une base durable, transmissible et d'une perpétuité raisonnable sur la terre. Cette base, c'est la propriété sous toutes ses formes,

terre, capital mobilier ou immobilier, argent,
professions, industries, commerce, écono-
mies, revenus, salaires quotidiens ou accu-
mulés du travail. Tout cela, c'est la propriété,
la propriété que toute civilisation reconnaît
et garantit, pour que cette assurance de jouir
de son bien et de son travail, de l'accumuler,
de l'agrandir, de le transmettre de son vivant
ou après soi, à d'autres, donne confiance, sé-
curité et avenir à la famille...

« Eh bien, le faux socialisme dit le contraire
de ce que Dieu a dit dans ces admirables
instincts qui ont constitué plus ou moins parfaitement, dans tous les lieux et dans tous les
temps, la famille, la propriété, et ce qui en
est le résultat, la civilisation. La république
sociale veut dire : invention d'un autre système, renversement de ces deux lois éternelles, bouleversement arbitraire de la société humaine fondée sur ces deux bases.

« On emploierait des volumes et des années
à démontrer le néant, l'absurdité, l'impossibilité, l'immoralité de ces systèmes contre nature, et l'on n'aurait pas encore tout dit.
Aussi les hommes peu éclairés ou fanatisés
par ces systèmes ne discutent-ils pas; ils
disent : « Nous les imposerons par la force.

« Si nous n'avons pas d'idées, nous avons des
« bras ! »

« Admettez maintenant que le peuple, par
une surprise, leur permît un jour de tenter
leur expérience de ruine et de mort, et qu'il
laissât proclamer la république sociale dans
leur sens absurde. Voyez le lendemain.

« A la première borne que les agents de
cette république déplaceront d'un champ, au
premier arbre qu'ils abattront, à la première
maison dont ils expulseront le locataire, le
serviteur, le cultivateur ou le maître, la terre,
les fruits de la terre, les maisons, les immeubles de toute nature perdront toute valeur, comme par un coup de foudre ou par
un évanouissement de la terre. On se dira :
« Pourquoi acheter ce que je ne pourrai ni
« posséder, ni transmettre à mes enfants après
« moi ? » Personne ne voudra plus acquérir un
sillon. Or, la valeur d'une chose étant la repré-
sentation du désir qu'on a de la posséder, et
le désir de posséder la terre et de la cultiver
étant anéanti par la première expropriation
de cette république, la valeur de la terre, des
maisons, des immeubles, disparaîtra totale-
ment avec ce désir. La France entière, qui
représente aujourd'hui des milliards, repré-

sentera *zéro*. D'un seul mot, cette république aura exproprié la valeur de la France territoriale tout entière...

« Il en sera ainsi de toutes les autres valeurs de capitaux, d'argent, d'industrie. A la première violence de cette république contre un écu, tous les écus se cacheront, émigreront, s'enfuiront dans les entrailles de la terre; car tout le monde se dira : « On a pris l'écu de « mon voisin, on va prendre le mien. Cachons- « le pour moi, pour ma femme et pour mes en- « fants. » Que deviendront le commerce, l'industrie, le travail, le salaire, quand tout capital et tout écu auront disparu ? La république sociale aura conquis le monde par la famine ! Il lui restera entre les mains la faim, la soif, l'oisiveté, la misère, le néant. Le peuple, en voulant y toucher violemment, aura fait évanouir toute richesse. Il embrassera une ombre à la place dans ses bras trompés. Et cette ombre sera la mort et la faim !

« Et si cette république dit : « Nous ferons « bien reparaître les écus par les supplices, le « travail par la contrainte, la richesse par les « confiscations et par la terreur, » qu'arrivera-t-il à l'instant ?

« A la première goutte de sang que cette république de l'impossible aura versée, tous les instincts véritablement sociaux de l'homme se soulèveront d'horreur contre sa démence et contre sa tyrannie. La plus juste, la plus légitime et la plus terrible des guerres civiles, la guerre d'un peuple qui défend sa vie, son seuil, sa religion, sa propriété, sa femme, ses enfants, contre ceux qui veulent l'exproprier de sa civilisation et de sa nature même, s'élèvera et engloutira dans des flots de sang les rêves de ces insensés. Voilà ce que c'est que le radicalisme même des bonnes intentions !

« Donc, encore de ce côté, impossibilité de sortir de la république honnête, modérée, civilisée, sans tomber dans tous les abîmes. Le seul socialisme vrai est celui que nous avons proclamé les premiers : le socialisme du sentiment ; l'amour religieux du peuple prouvé par les œuvres, ne détruisant rien, améliorant tout ; le progrès par les institutions ; au lieu des ruines par la violence, le budget de la fraternité (1). »

____

(1) *Le Conseiller du peuple*, avril 1849.

CHAPITRE VI

LES DROITS DE LA CONSCIENCE ET LES ABUS
DE LA FORCE

L'homme ne vit pas seulement de pain, dit l'Évangile, mais aussi de toute parole qui tombe des lèvres de Dieu (1).

Au-dessus de la vie matérielle et des conditions dans lesquelles elle a le droit de s'épanouir, il y a une vie supérieure, la vie de l'âme, dont les droits sont d'autant plus sacrés qu'elle se développe dans une sphère plus haute.

Le premier de ces droits est celui de la conscience. Aucune puissance humaine ne peut légitimement priver un homme du droit de rendre à Dieu le culte qui lui est dû, ni mettre des entraves à la liberté de son âme, en violant les droits de sa conscience.

C'est le Christ qui a affranchi la conscience

(1) Matth., IV.

humaine. Avant lui, la conscience était à la merci d'un César, souverain pontife et maître de l'empire. Le Sauveur a arraché des mains de l'usurpateur le sceptre avec lequel César avait la prétention de gouverner les âmes ; il nous a enseigné que la conscience ne relève que de Dieu.

Mais la conscience a toujours rencontré, devant elle, un adversaire qui n'a jamais renoncé à reconquérir l'empire perdu : cet adversaire est la force.

L'Église, gardienne de la pensée libératrice du Christ, a donc toujours eu à protéger le dépôt confié à sa garde contre les entreprises des successeurs de César. Cette lutte, entre les deux puissances rivales, remplit l'histoire du monde. J'entreprends d'en raconter quelques phases.

Les fidèles se trompent étrangement s'ils s'imaginent que les heures qui s'écoulent aujourd'hui sont les plus sombres de l'histoire de l'Église ; que jamais la barque de Pierre n'a été assaillie de plus violentes tempêtes.

Ici encore l'histoire est la grande leçon. Elle nous apprend que les Charlemagne et les saint Louis sont rares, que les temps qu'on appelle les siècles de foi ont eu leurs défaillances, et que les pouvoirs chrétiens n'ont pas épargné à l'Église de cruelles épreuves. Ces lointains souvenirs sont à demi effacés de la mémoire des fidèles ; il est bon de les réveiller. La connaissance du passé nous fera apprécier avec plus de justesse les difficultés du présent ; elle nous mettra en garde contre le découragement provoqué par ces prophètes de malheur dont les déclamations annoncent, tous les jours, d'effroyables catastrophes. On vante sans cesse les temps où l'Église, obéie et honorée, voyait, assis sur tous les trônes de l'Europe, des princes dévoués, dont le plus grand souci était de défendre la foi, et cette illusion est l'une des causes du malaise de notre temps au point de vue religieux. Beaucoup de catholiques regardent en arrière, regrettent le passé et ne se résignent pas à accepter les nécessités de l'ère nouvelle.

Or la vérité historique est que, presque toujours, les princes ont sacrifié l'Église aux intérêts de leur politique, et qu'ils l'ont protégée à la condition de s'en servir. Cette attitude est, pour ainsi dire, une loi de l'histoire politique religieuse, et aujourd'hui encore, ne voyons-nous pas des hommes qui, semblables à ces ligueurs dont parle Bossuet (1), cachent leurs visées politiques sous le voile de la religion?

Avant d'entrer dans le détail des faits que je dois raconter, qu'il me soit permis de citer un exemple.

Philippe II est le type des princes pour lesquels la religion n'est qu'un instrument de domination.

Époux de Marie Tudor, il protège Élisabeth qui pouvait seule, après la mort probable de sa femme atteinte d'une maladie de cœur, disputer le trône d'Angleterre à Marie Stuart, nièce des Guises. Quand la lutte est engagée entre les deux reines, il soutient Élisabeth et les protestants d'Écosse contre notre Dauphine Marie. Qu'importe que l'Angleterre revienne au protestantisme, pourvu qu'elle ne soit pas, avec Marie Stuart, sous l'influence de la France? « Il faut défendre l'Angleterre contre l'Écosse et la France, comme nous défendrions Bruxelles », écrit son fidèle ministre Granvelle. Plus tard, ces mêmes Guises, qui lui inspirent aujourd'hui une haine si vivace, seront ses plus solides auxiliaires pour empêcher Henri IV de monter sur le trône qu'il guette pour sa

____

(1) *Déf. Déc.*, première partie, l. III, ch. XVIII.

fille Claire-Eugénie, et quand le Pape Clément VIII aura absous le Béarnais, Philippe déclarera au Souverain Pontife qu'il ne le reconnaît plus comme le successeur de saint Pierre.

Ce fils *soumis* (?) de l'Église n'admettait pas que le Pape lui conseillât de modérer ses fureurs contre ses sujets des Pays-Bas. Il refuse de recevoir l'évêque d'Ascoli, envoyé de saint Pie V, et il écrit au grand commandeur de Castille : « Vous témoignerez à Sa Sainteté grand ressentiment, afin qu'elle use désormais de procédés convenables ; vous lui donnerez à entendre que ses instances hors de propos ne peuvent me soumettre à sa volonté. Notez combien il importe que ni Sa Sainteté, ni ceux qui la conseillent, s'imaginent que par tels chemins ils nous conduiront où ils veulent. Ils doivent apprendre qu'ils se sont trompés avec une grande légèreté, et se donner garde de recommencer désormais. » La commission fut remplie avec la brutalité que désirait Philippe, car Granvelle lui écrivit : « Il (le Pape) se figure quelquefois qu'il peut librement et sans contrainte dire ce qui lui paraît utile au service de Dieu, au soutien de la religion et au bonheur de la chrétienté. Il recule quand on lui montre les dents, nous venons de le bien voir (1). »

Tel était le prince que l'on présente parfois comme l'appui le plus respectueux et le plus dévoué de la cause catholique.

Revenons en arrière et étudions, à la lumière de l'histoire, la politique des princes chrétiens à l'égard de l'Église.

Après les trois siècles de persécutions des Césars païens, la lutte recommença, sous une autre forme, dès l'avènement des empereurs chrétiens : « Constantin et ses successeurs furent baptisés, dit Montalembert ; l'empire, la puissance impériale ne le fut point. La main qui ouvrait aux chrétiens la porte du pouvoir et de la faveur fut celle-là même qui leur dressa des embûches où toute autre Église que l'immortelle épouse du Christ eût péri sans retour et sans honneur. Les empereurs aspirèrent à devenir les maîtres et les oracles de la religion dont ils ne pouvaient être que les enfants et tout au plus les ministres. A peine lui eurent-ils reconnu le droit de vivre qu'ils se crurent investis du droit de la gouverner. Ces baptisés de la veille entendirent

(1) Voir Forneron, *Philippe II.*

être les pontifes et les docteurs du lendemain. N'y pouvant réussir, ils recommencent à la persécuter pour le compte d'Arius, comme leurs prédécesseurs l'avaient fait pour le compte de Jupiter et de Vénus.

« Constantin lui-même, le libérateur de l'Église, le président laïque du concile de Nicée, se lassa bientôt de la liberté et de l'autorité croissantes de ces nouveaux affranchis. Gagné par les courtisans ecclésiastiques qui entouraient déjà son trône, il exila saint Athanase, le plus noble et le plus pur des chrétiens. Ce fut bien pis sous ses successeurs. Écoutons Bossuet : « L'empereur Con« stance se mit à la tête des ariens et persé« cuta si cruellement les catholiques que cette« persécution était regardée *comme plus cruelle*« que celle des Dèce et des Maximien, et en« un mot comme un prélude de celle de« l'Antéchrist. Valens, empereur d'Orient,« arien comme Constance, fut encore un« plus violent persécuteur, et c'est de lui« qu'on a écrit qu'il parut s'adoucir lorsqu'il« changea en bannissement la peine de mort. »

Montalembert continue : « Mais ce qui fut bien plus dangereux que la persécution même, ce fut *l'invasion de la politique dans l'Église.*

Quand, après quarante ans de disputes, Constance eut imposé à l'Orient et à l'Occident le formulaire équivoque du concile de Rimini, le monde, selon l'expression fameuse de saint Jérôme, s'étonna en gémissant de se trouver arien, grâce à la complaisance d'un épiscopat qui se laissait conduire et effrayer par les eunuques du palais impérial…

« Les violences, les exils, les massacres recommencent au cinquième siècle et se prolongent de génération en génération. Tout hérésiarque trouve sur le trône impérial un auxiliaire : après Arius, Nestorius ; après Nestorius, Eutychès ; et l'on marche ainsi, de persécution en persécution, à la sanglante oppression des empereurs iconoclastes, après laquelle il n'y eut plus que le schisme suprême, qui sépara pour toujours l'Occident affranchi et orthodoxe, de l'Orient prosterné sous le double joug de l'erreur et de la force.

« Mais que de maux et que d'amertumes pendant ces longs et sombres siècles et avant cette rupture finale ! Ce n'étaient plus des païens, c'étaient des chrétiens qui persécutaient le christianisme. Ce n'était plus du sein d'un prétoire ou d'un cirque que l'empereur, personnification de l'antique et implacable Rome, envoyait les chrétiens aux bêtes ; c'était au sein des conciles et au nom d'une orthodoxie de contrebande qu'il délibérait ces arrêts, marqués au triple coin de la chicane, de l'astuce et de la cruauté. Avant d'en venir aux exils et aux supplices, ils torturaient les consciences et les intelligences par des formulaires et des définitions... Ces pitoyables autocrates, déjà maîtres d'un clergé qui le disputait en servilité aux eunuques de l'antichambre impériale, écrivaient des livres de théologie, dressaient des formulaires, inventaient et condamnaient des hérésies, dans des confessions de foi elles-mêmes hérétiques. Et, comme si ce n'était pas assez de ces théologiens couronnés, il fallait encore endurer les impératrices qui se mêlaient à leur tour de gouverner les consciences, de définir les dogmes et de séduire les évêques...

« On citera Théodose ; mais cette pénitence célèbre qui fait tant d'honneur au grand Théodose et à saint Ambroise, quelle sanglante lumière ne projette-t-elle pas sur l'état de cet empire prétendu chrétien ! Quelle société que celle où le massacre de toute une ville pouvait être ordonné de sang-froid pour venger l'injure faite à une statue !... L'horreur d'un pareil régime, s'il avait duré, eût à jamais souillé le christianisme, dont il affectait de se parer. Et d'ailleurs, pour un Théodose, que de Valens, que d'Honorius et que de Copronymes ! L'effroyable tentation de l'omnipotence tournait toutes ces pauvres têtes. Les premiers chrétiens n'y résistaient pas plus que les païens. A des monstres de cruauté et de luxure tels que les Héliogabale et les Maximien, succédaient des prodiges d'imbécillité et d'inconséquence.

« Ce qu'il dut y avoir de plus amer pour l'Église, c'était la prétention qu'avaient ces tristes maîtres du monde de faire d'elle leur obligée. Il lui fallait payer bien cher la rançon de l'appui matériel que lui prodiguait la puissance impériale qui la protégeait sans l'honorer, sans même la comprendre...

« L'Église a traversé bien des épreuves ; elle a été maintes fois persécutée, maintes fois compromise, trahie ou souillée par d'indignes ministres. Je ne sais pas cependant si jamais elle a vu de plus près le précipice où Dieu lui a promis qu'elle ne tombera jamais. Je ne sais si jamais elle a enduré un sort plus triste que sous cette longue série de monarques qui se croyaient ses bienfaiteurs, ses protecteurs, et qui lui refusaient à la fois, la liberté, la paix et l'honneur (1). »

Telle fut la première rencontre de l'Église et du pouvoir absolu des princes chrétiens. Dans la page éloquente que je viens de citer, Montalembert dévoile le secret de l'antagonisme entre l'Église et les pouvoirs humains : à peine les Césars eurent-ils reconnu à l'Église le droit de vivre qu'ils se crurent investis du droit de la gouverner.

Gouverner l'Église, c'est-à-dire reculer les limites de leur action jusque sur la conscience des fidèles au détriment de celui qui, parlant seul au nom de Dieu, a le droit de commander à l'âme, tel est l'éternel sujet de discordes entre la puissance civile et le pouvoir religieux.

L'homme, si ses tendances ne sont pas redressées par la raison et par le respect du droit, est naturellement despote ; il veut voir tous les fronts s'incliner devant lui, il supporte difficilement une volonté rebelle à ses caprices, il aspire à supprimer toutes les résistances. Quand donc il est investi d'un pouvoir ab-

____

(1) *Les Moines d'Occident.*

16

solu, la tendance naturelle s'accroît de l'orgueil de la toute-puissance et il s'irrite si un rival vient lui disputer, non l'empire qui lui appartient, mais un domaine sur lequel il n'a aucun droit : la conscience, qui ne relève que de Dieu. On voit à quels dangers le pouvoir absolu des princes expose la liberté de l'Église. Qui les arrêtera si, impatients de voir à côté d'eux une puissance qui limite la leur et soustrait à leur influence ce qu'il y a de plus noble et de plus élevé dans l'âme de leurs sujets, ils ne se contentent pas de ce qui appartient à César et tentent de s'emparer de ce qui appartient à Dieu ?

L'unité catholique est constamment menacée par le pouvoir de l'autocrate, jaloux de l'autorité pontificale ; il s'efforcera de créer des églises nationales et ses sujets devront choisir entre l'apostasie ou le martyre. Le schisme grec, l'anglicanisme, les coups de force de Napoléon et, dans une mesure moindre, le gallicanisme, n'ont pas d'autre cause.

Le moyen âge a retenti des querelles entre Henri IV, empereur d'Allemagne, et Grégoire VII. La pensée constante de ce grand Pape fut de mettre l'Église à l'abri des incursions

du pouvoir civil dans le domaine religieux ;
il ne voulait pas que l'Église fût, entre les
mains des empereurs germains et des barons
féodaux, une proie ou un jouet.

Pendant sa jeunesse, il avait été témoin
d'un scandale effroyable. A l'exemple de l'empereur Conrad qui vendait les évêchés, les
comtes de Tusculum, qui regardaient le siège
de Rome comme un fief de famille, achetèrent
la papauté. Le comte Albéric distribua l'argent
à profusion et fit asseoir sur la chaire de Saint-Pierre son fils, un enfant de douze ans, qui
régna sous le nom de Bénoît IX. La conduite
scandaleuse de ce Pape est imputable à ceux
qui avaient coopéré à son élection sacrilège.
Les Romains indignés se soulevèrent, mais
Benoît fut soutenu par l'empereur Conrad et
par les comtes de Tusculum. Après un règne
de quinze ans, le triste Pontife abdiqua. Il eut
pour successeur Grégoire VI qui, ayant remarqué les qualités du jeune Hildebrand, l'attacha
à sa personne.

Le futur Grégoire VII était donc bien placé
pour mesurer l'étendue des maux de cette
société civile et religieuse dont saint Pierre
Damien nous a laissé un si triste tableau :
« Les Églises, dit-il, sont en proie à de si

affreuses calamités, qu'elles sont comme cernées par les armées de Babylone, et qu'elles ressemblent à Jérusalem assiégée avec tous ses habitants. Les séculiers s'emparent des droits de l'Église, saisissent ses revenus, et se parent de la substance des pauvres comme de la dépouille de leurs ennemis. Ils se pillent en même temps les uns les autres, se jettent l'un sur l'autre, et comme s'ils voulaient demeurer seuls maîtres du monde, font tous leurs efforts pour se supplanter mutuellement. Puis ils vont incendier les chaumières des pauvres villageois... Le monde entier n'est plus de nos jours qu'un théâtre d'intempérance, d'avarice et de libertinage (1). »

Nous avons vu que Benoît IX s'était démis du souverain pontificat et que Grégoire VI lui avait succédé. Mais Benoît se ravisant voulut remonter sur la chaire de Saint-Pierre. Rome offrit alors le désolant spectacle de trois compétiteurs au siège apostolique : Grégoire VI, pape légitime, Benoît IX, pape démissionnaire, et un antipape, Sylvestre III.

Pour faire cesser le désordre, l'empereur Henri III, fils de Conrad II, descendit en Italie

____

(1) Voir M. Gosselin, *le Pouvoir des Papes au moyen âge.*

et entra dans Rome à la tête d'une nombreuse armée. Il exerça une telle pression que le vrai Pape fut déposé et remplacé par Clément II. Après un séjour de plusieurs mois en Italie, Henri III retourna en Germanie, traînant après lui le Pape Grégoire VI, que Hildebrand voulut accompagner dans son exil.

Le jeune moine vit donc un empereur disposant à son gré de la chaire de Saint-Pierre et pesant, les armes à la main, sur les élections pontificales. Il s'en souviendra quand il sera Grégoire VII; en attendant, il sera le soutien des Papes qui vont lutter pour réformer l'Église et assurer son indépendance.

Le Pape Alexandre II mourut en 1073; l'archidiacre de l'Église romaine, Hildebrand, lui succéda; il prit le nom de Grégoire VII.

La tâche qui s'imposait au nouveau Pontife était immense; elle ne fut pas au-dessus de son génie. Il se proposa de réformer les mœurs du clergé et d'assurer la liberté de l'Église.

Deux ans après son élévation, il écrivait à saint Hugues, abbé de Cluny : « De quelque côté que je jette les yeux, je ne trouve que des sujets d'une immense tristesse. L'Église d'Orient se sépare de la foi catholique. Et

16.

quand je tourne mes regards à l'Occident, au Midi et au Septentrion, à peine y vois-je des évêques qui soient entrés dans l'épiscopat par des voies canoniques, ou qui y vivent en évêques. Parmi les princes séculiers, je n'en connais point qui préfère la gloire de Dieu à la sienne, et la justice à l'intérêt. Pour ceux parmi lesquels je demeure, je veux dire les Romains, les Lombards et les Normands, je leur reproche souvent qu'ils sont pires que des juifs et des païens. »

Grégoire VII voulut guérir une société si malade. Une des causes du mal était le honteux trafic que les princes faisaient des dignités et des bénéfices ecclésiastiques, et ce qui était plus grave encore, c'est que les empereurs d'Allemagne avaient la prétention de transmettre, avec le bénéfice, la juridiction spirituelle qui relève du siège apostolique seul. Si le mal eût triomphé, c'en était fait de la séparation des pouvoirs réalisés par le Christ ; les empereurs chrétiens eussent été, comme les Césars païens, maîtres de l'empire et souverains pontifes. Telle fut la cause de la querelle des investitures.

D'après le droit féodal, l'investiture était la mise en possession d'un fief donné par un seigneur suzerain à son vassal. Cette mise en possession était accompagnée d'une action symbolique signifiant que le vassal tenait le fief de la libéralité de son suzerain : le vassal présentait une pierre, une branche d'arbre, une motte de terre, etc. Quand les évêchés et les abbayes eurent été dotés de fiefs, les princes réclamèrent naturellement le droit d'investiture *pour le temporel* des évêchés ou abbayes. Cette investiture se faisant par la tradition de l'anneau et de la crosse, emblèmes de la juridiction spirituelle, les empereurs d'Allemagne prétendirent avoir le droit d'investir, au double point de vue temporel et spirituel, ceux de leurs vassaux élevés aux dignités ecclésiastiques. Ils absorbaient donc, au profit du pouvoir séculier, la juridiction spirituelle du pouvoir religieux : comme si aujourd'hui un ministre des cultes s'imaginait que la publication d'une nomination épiscopale dans le *Journal officiel* conférait à l'évêque nommé la juridiction sur son futur diocèse. C'était la plus déplorable confusion entre les deux pouvoirs et l'anéantissement du gouvernement de l'Église.

Grégoire VII eut la gloire de commencer avec Henri IV la lutte qui continua, après lui, entre Henri V et les Papes Pascal II et Calixte II, et que termina, en 1122, le concordat de Worms. La pensée de Grégoire VII triomphait, car une investiture purement politique et séculière par le sceptre remplaça l'investiture par la crosse et l'anneau.

En février 1075, Grégoire VII réunit un synode qui rédigea, sur la question des investitures, un décret dont voici le texte :

« Désormais, quiconque recevra de la main d'un laïque un évêché ou une abbaye, ne devra, en aucune façon, être mis au nombre des évêques ou des abbés ; nul ne devra le traiter comme évêque ou comme abbé. Nous le privons en outre de la grâce de saint Pierre et nous lui interdisons l'entrée de l'Église, jusqu'à ce qu'il ait quitté la place qu'il a usurpée, pour des motifs d'ambition, et par une désobéissance qui constitue un crime d'idolâtrie. Nous portons la même défense au sujet des dignités ecclésiastiques inférieures. *Item* : Si un empereur ou un duc, ou un marquis, ou un comte, ou un seigneur temporel quelconque, ou en général un laïque se permet de donner l'investiture d'un évêché ou de toute autre dignité ecclésiastique, il est atteint, qu'il le sache bien, par la même condamnation. »

Avant de publier ce décret, Grégoire VII écrivit à Henri IV... : « De peur que ce décret te parût inique ou trop onéreux, nous t'avons fait dire par tes fidèles de ne pas t'émouvoir de ce qu'une coutume détestable était abrogée, mais de nous envoyer quelques hommes sages et pieux de ton royaume ; si ces hommes nous démontrent que, sans porter atteinte à l'honneur dû au Roi éternel, sans mettre en péril nos âmes, nous pouvons apporter quelques tempéraments à la sentence des Pères, promulguée par nous, nous étions disposé à tenir compte de leurs conseils. »

Le Pape désirait donc traiter l'affaire à l'amiable ; il proposait un concordat. Henri IV, ne tenant aucun compte, ni du synode, ni des intentions pacifiques de Grégoire VII, continua à distribuer, à sa guise, les évêchés de ses États. Le Souverain Pontife lui écrivit de nouveau : « Tu veux être appelé le fils de notre mère l'Église, tu te proclames soumis aux choses de la foi, et puis, dans la pratique, tu te montres un adversaire décidé des canons et des décrets apostoliques, surtout de ceux qui importent le plus à l'Église... »

Voici quelle fut la réponse du roi. Il réunit à Worms un conciliabule où vingt-six évêques proclamèrent la déchéance du Pape, et il écrivit à Grégoire VII : « Henri, roi, non par suite d'une usurpation, mais de par une bienveillante volonté de Dieu, à Hildebrand, non pas apostolique, mais faux moine.

« ... Nous avons été appelé à la royauté par Notre-Seigneur Jésus-Christ, toi tu n'as pas été appelé par lui au sacerdoce. Voici la marche que tu as suivie, les degrés que tu as gravis ; grâce à ton astuce, ce qui est abominable dans la profession monastique, tu as acquis de l'argent, l'argent t'a procuré les faveurs, avec ces faveurs tu as pu avoir du fer et le fer t'a ouvert la voie jusqu'au siège de la paix... Tu t'es attaqué à moi, bien que je sois, malgré mon indignité, au nombre de ceux qui ont été oints pour la royauté, bien que, d'après la tradition des saints Pères, je ne doive être jugé que par Dieu seul, et que je ne puisse être déposé pour aucun crime, *à moins que, ce qu'à Dieu ne plaise, je n'aie erré au sujet de la foi...* Moi, Henri, roi par la grâce de Dieu, je te dis avec tous nos évêques : Descends, descends, toi, toi qui es condamné à tout jamais. »

Dans cette lettre impertinente, il y a, avec la leçon de théologie que le roi donne au Pape, une chose à retenir, c'est que Henri reconnaît lui-même qu'il peut être déposé s'il a erré dans la foi. Tel était, en effet, le droit public du moyen âge.

Au mois de février 1076, cent dix évêques étaient réunis en synode sous la présidence de Grégoire VII. A l'ouverture de la première séance, le Pape s'asseyait pour prononcer le discours d'usage, quand un clerc nommé Roland, envoyé par Henri IV pour porter à Rome la lettre du roi et les actes du conciliabule de Worms, entra dans le salle, et, s'adressant au Pape : « Le roi mon maître et tous les évêques d'au delà des monts et de l'Italie, dit-il, t'ordonnent de quitter sans délai le siège du bienheureux Pierre et de l'Église romaine dont tu t'es emparé. Il n'est pas juste, en effet, d'arriver à un tel honneur sans l'ordre des évêques et sans le consentement impérial. » Puis, s'adressant aux évêques : « Quant à vous, mes frères, il vous est recommandé de vous rendre auprès du roi, lors de la fête de la Pentecôte ; c'est de ses mains que vous recevrez un pape et un père, car on sait que celui-ci n'est pas un pape, mais un loup ravisseur. »

Si Grégoire VII avait faibli, l'Église était livrée aux caprice d'un prince débauché et devenait « la servante déshonorée du pouvoir civil (1) ».

Le lendemain, en plein synode, le Pape se leva de son siège et dit : « Bienheureux Pierre, prince des apôtres, prête-moi, je te prie, une oreille favorable ; écoute-moi, moi ton serviteur que tu as nourri dès l'enfance et préservé jusqu'à ce jour de la main des méchants qui m'ont haï et qui me haïssent parce que je te suis fidèle.

« Tu m'es témoin, ainsi que madame la Mère de Dieu, ainsi que le bienheureux Paul, ton frère entre tous les saints, tu m'es témoin que la sainte Église romaine m'a porté, malgré moi, à son gouvernail, et que je n'ai pas regardé comme une conquête de m'asseoir sur ton siège ; j'aurais préféré finir ma vie en humble pèlerin plutôt que de prendre ta place, par un sentiment de gloire mondaine et avec les préoccupations d'un séculier. S'il t'a plu et s'il te plaît encore que le peuple chrétien confié à ta garde m'obéisse, c'est là, je crois, un effet de ta grâce et nullement le résultat de mes œuvres. C'est parce que je suis ton représentant que

____

(1) Voir l'abbé O. Delarc, *Grégoire VII et la réforme de l'Église au onzième siècle.*

ta grâce est descendue en moi, et cette grâce est le pouvoir donné par Dieu de lier et de délier dans le ciel et sur la terre. »

Après ces belles et touchantes invocations, Grégoire VII excommunia l'empereur.

Henri était à Utrecht quand il reçut la nouvelle de son excommunication. Il jura la perte du moine insolent qui prétendait le chasser de l'Église. Il ordonna à l'évêque d'Utrecht de monter en chaire et de déclarer que l'excommunication était nulle; il convoqua à Mayence une assemblée d'évêques qui devait renouveler contre Grégoire la tentative du conciliabule de Worms ; mais ces moyens de défense étaient d'autant moins proportionnés à l'attaque, que les grands du royaume, fatigués de sa tyrannie, se soulevaient contre lui. Les ducs de Souabe, de Bavière, de Carinthie et d'autres grands seigneurs se réunirent à Ulm et convoquèrent à Tribur, pour le 16 octobre 1076, l'assemblée de tous les grands de la Germanie. A Tribur il fut décidé que le roi se rendrait à Spire et y vivrait en simple particulier en attendant la décision d'une diète convoquée à Augsbourg où, en présence du Pape, le roi et les seigneurs seraient entendus et une sentence prononcée après débats contradictoires.

Grégoire VII se mit donc en route ; mais, arrivé à Mantoue, il apprit que Henri, s'étant enfui de Spire, était en Lombardie. Le roi fuyait le rendez-vous d'Augsbourg, parce qu'il savait qu'il n'aurait rien à répondre aux accusations portées contre lui, et, d'autre part, l'anniversaire de son excommunication étant proche, il fallait, coûte que coûte, obtenir son absolution, sans cela il perdait à jamais la dignité royale. Grégoire VII, jugeant inutile de poursuivre son voyage, se retira au château de Canossa. Le roi s'y présenta en habit de pénitent ; par l'entremise de la comtesse Mathilde et de Hugo, abbé de Cluny, il demanda au Pape de le relever de la sentence d'excommunication et le pria de ne pas croire aux accusations portées contre lui par les princes de la Germanie. Le Pape répondit qu'on ne devait pas juger un accusé en l'absence des accusateurs, que, si le roi était assuré de son innocence, il n'avait qu'à se rendre à Augsbourg. C'est précisément ce que Henri voulait éviter ; mais le Pape, connaissant la légèreté et la fourberie du roi, désirait un débat public, afin que la Germanie tout entière pût se prononcer, en connaissance de cause, entre le roi et lui. Voilà pourquoi il le fit attendre durant trois jours.

Quand Henri se présenta à la porte de l'église où le Pape l'attendait, il se prosterna et s'écria : « Pitié, Saint-Père, pitié. »

Telle fut la célèbre entrevue de Canossa.

Peu de faits de l'histoire ecclésiastique ont été discutés avec plus de passion. Les ennemis de l'Église y ont vu la preuve de l'orgueil indomptable d'un moine, abusant de la puissance que lui accordaient les idées religieuses de son temps et heureux de voir, prosterné à genoux devant lui, le puissant empereur d'Allemagne. C'est d'abord fausser l'histoire, car Grégoire VII fit tout ce qui dépendait de lui pour éviter une rupture ; c'est, en second lieu, rabaisser au niveau d'une querelle mesquine une des questions les plus graves qui se soient posées parmi les hommes : la liberté des âmes. Cette liberté était très sérieusement menacée par l'ambition insatiable des Césars d'Allemagne ; ils voulaient reconstituer, à leur profit, le pouvoir des Césars païens ; tenir d'une main le sceptre, de l'autre la houlette pastorale ; ils aspiraient à absorber le pontificat dans l'empire et à régner sur les consciences. Grégoire VII eut une vue claire et profonde du danger ; il opposa une fermeté inflexible à l'usurpation criminelle des empereurs ; aussi son nom sera béni à jamais de ceux qui ont quelque souci de la dignité de l'homme et des droits imprescriptibles de la conscience.

Il n'assista pas à son triomphe. Henri IV, oublieux des promesses et des serments de Canossa, fut excommunié de nouveau, créa un antipape, Clément III, et assiégea Grégoire VII dans le château Saint-Ange. Robert Guiscard vint au secours du Souverain Pontife ; mais, après le départ du duc normand pour l'Orient, le Pape fut obligé d'abandonner Rome. Il se retira à Salerne, où il mourut le 25 mai 1085.

Henri IV mourut à Liège le 7 août 1106 ; son fils Henri V lui succéda. Après d'heureux débuts, le nouveau roi tomba dans les errements du règne précédent. Pascal II l'excommunia ; Henri V descendit en Italie, prit Rome et se saisit du Pape, qu'il fit enchaîner. Les incidents les plus douloureux, qu'il serait trop long de raconter, marquèrent cette nouvelle phase de la lutte entre le sacerdoce et l'empire ; la paix se fit enfin, je l'ai déjà dit, par le concordat de Worms, sous le pontificat de Calixte II. Il fut convenu que l'investiture par le sceptre serait purement séculière, et le roi, renonçant à l'investiture par la crosse et l'anneau, reconnaissait la juridiction pontificale dans le domaine des choses spirituelles.

La conduite de Philippe Ier, roi de France, n'était guère plus édifiante que celle de Henri IV d'Allemagne; voici le portrait qu'en trace Grégoire VII dans une lettre aux archevêques et évêques de France: « Votre roi, qu'il faut appeler, non pas un roi, mais un tyran, après avoir souillé sa vie de vices et d'infamies, porte inutilement le sceptre. Non seulement, par la faiblesse de son gouvernement, il a lâché la bride à ses peuples pour tous les attentats, mais il les a lui-même excités par l'exemple de ses penchants et de ses œuvres. Il ne lui a pas suffi de mériter la colère de Dieu pour la ruine des églises, les adultères, les rapines odieuses, les parjures, les mille genres de fraudes dont nous l'avons souvent réprimandé; tout récemment, à des marchands venus de divers points de la terre à une foire de France, il a extorqué, en véritable brigand, une immense somme d'argent... Dieu et notre conscience peuvent nous rendre ce témoignage que, si nous tenons un pareil langage, les prières ou les présents de qui que ce soit n'y sont pour rien. La douleur seule nous fait parler; en voyant un si noble royaume, un si grand nombre de peuples se perdre par la faute d'un scélérat, nous ne pouvons et nous ne devons pas nous taire et dissimuler... »

Philippe fut excommunié par Urbain II au concile de Clermont (1095).

L'Église et la Papauté rencontraient des difficultés plus grandes peut-être encore avec les Normands d'Angleterre. Guillaume le Roux, fils du Conquérant, n'admettait pas que, sans son assentiment, un évêque de ses États reconnût l'autorité du Pape. Il dépouilla saint Anselme de son archevêché et le condamna à l'exil, parce que ce saint avait voulu, sans sa permission, faire le pèlerinage de Rome.

On comprendra que je ne puis raconter ici tous les démêlés entre l'Église et les princes; ce récit dépasserait de beaucoup les limites que je me suis tracées; je me renferme donc dans l'histoire de France en commençant par le règne de Philippe le Bel.

Boniface VIII, successeur de Célestin V, fut élu le 24 décembre 1294. Dès la première année de son pontificat, il s'efforça de rétablir la paix entre la France et l'Angleterre. Le roi Édouard accepta l'intervention du Pape, mais Philippe le Bel ne tint aucun compte de la bonne volonté de Boniface VIII. Pour continuer la guerre, les deux princes écrasaient leurs peuples d'impôts et frappaient les églises de taxes nouvelles et extraordinaires. Le Pape publia la bulle *Clericis laïcos* dans laquelle il défendait, sous peine d'excommunication, d'exiger aucune contribution *nouvelle* sur les biens ecclésiastiques sans la permission du Saint-Siège. Boniface VIII prouvait à Philippe le Bel que la bulle *Clericis laïcos* n'était pas un acte d'hostilité, car, dans une lettre écrite le même jour que la publication de la bulle, il demandait au roi de lui envoyer à Rome son frère Charles de Valois pour traiter avec lui des affaires secrètes et importantes. Un mois après, Boniface VIII écrivait de nouveau à Philippe que son intention n'était pas de priver la France de subsides nécessaires à sa défense, qu'il vendrait jusqu'aux vases sacrés si cela était indispensable à « un royaume aussi noble et aussi cher au siège apostolique », qu'il avait voulu seulement s'opposer aux exactions arbitraires des gens du roi. C'est à cette époque qu'il canonisa le grand-père de Philippe, saint Louis.

Cependant le roi continuait ses déprédations; confisquait les décimes accordés pour une expédition en Orient; prolongeait la vacance des sièges épiscopaux pour en percevoir plus longtemps les revenus ; falsifiait les monnaies ; se livrait à tous les emportements d'un caractère avare et hautain. Boniface VIII lui envoya, en qualité de légat, Bernard, évêque de Pamiers. Le légat fut arrêté et conduit à la cour sous bonne escorte, pendant qu'on mettait ses domestiques à la torture pour leur arracher des aveux sur lesquels Pierre Flotte, l'un des conseillers les moins scrupuleux de Philippe, devait échafauder une accusation de crime de lèse-majesté.

Boniface VIII envoya en France un autre légat, Jacques des Normands, avec mission d'enjoindre à Philippe le Bel de relâcher l'évêque de Pamiers et de ne plus vexer le clergé en s'emparant des biens de l'Église. Le légat devait, en outre, intimer, de la part du Pape, l'ordre aux évêques de France de se rendre à Rome pour aviser aux moyens de guérir les maux que l'administration tyrannique du roi faisait endurer aux ecclésiastiques aussi bien qu'aux laïques.

A peine arrivé à Paris, le légat se préparait à remplir sa mission quand, en présence du roi et de la cour, le comte d'Artois lui arracha les lettres apostoliques et les jeta au feu :

Jacques des Normands fut renvoyé à Rome avec l'évêque de Pamiers mis en liberté.

Boniface VIII, voyant que Philippe méprisait tous ses avertissements, lui adressa la fameuse bulle : *Ausculta fili carissime* : Écoute, mon très cher fils. Le Pape lui reproche les exactions dont il opprime ses sujets, l'altération des monnaies et ses empiétements incessants sur le domaine spirituel. Par ordre du roi, et en sa présence, la bulle *Ausculta* fut brûlée publiquement à Paris le 11 février 1302, et cette exécution fut criée à son de trompe par toutes les rues de la ville. Deux siècles plus tard, on devait aussi brûler une bulle pontificale à Wittemberg : le roi de France avait donné l'exemple.

Philippe voulut associer la nation entière à la guerre qu'il venait de déclarer au Pape ; il convoqua donc, pour le 10 avril 1302, à Notre-Dame, une assemblée que les historiens regardent comme les premiers États généraux du royaume.

Si on avait soumis aux délibérations des députés la véritable bulle *Ausculta*, il est fort probable que l'assemblée aurait pensé qu'il y avait du bon et du vrai dans les paroles du Pape, car tout le monde se plaignait de l'administration despotique du roi; mais Pierre Flotte détourna le coup en falsifiant le document pontifical. Au lieu de la véritable bulle, il en répandit un résumé mensonger, dans lequel il supprimait les griefs de la nation contre le roi, et présentait les remontrances du Pape comme une menace contre l'indépendance de la couronne. C'est sur ce thème que le chancelier s'appuya pour prononcer un violent réquisitoire contre le Pape; et le roi, aussi fourbe que despote, demanda gravement aux barons et aux prélats s'ils tenaient leurs fiefs de lui où du Pape. Les barons répondirent de manière à satisfaire Philippe; les évêques demandèrent du temps pour délibérer, mais on leur répliqua que, si quelqu'un pensait autrement que les barons, il serait regardé comme ennemi du roi et du royaume. Les prélats, après avoir protesté de leur fidélité, demandèrent l'autorisation d'aller à Rome où le Pape les avait convoqués pour le concile; le roi déclara qu'il ne le souffrirait pas.

Malgré la défense du roi, quarante-cinq prélats, à la tête desquels se trouvaient les archevêques de Tours, de Bourges, de Bordeaux et d'Auch se rendirent à Rome; leurs biens furent confisqués et l'on intenta contre eux des poursuites criminelles.

C'est dans ce concile que Boniface VIII publia la célèbre bulle *Unam Sanctam* (18 novembre 1302) (1). Le 12 mars suivant, dans une assemblée tenue au Louvre, Guillaume de Nogaret, successeur de Pierre Flotte, présenta au roi une requête dans laquelle, après avoir traité le Pape de malfaiteur public, de schismatique, d'hérétique, d'intrus, il le chargeait de crimes monstrueux et terminait en demandant la convocation d'un concile général pour la déposition de Boniface VIII. Au mois de juin de la même année, le jurisconsulte Guillaume du Plessis, dans une réunion tenue encore au Louvre, renchérit, s'il est possible, sur les accusations de Nogaret. Un historien (2) peu favorable à Boniface VIII ne voit dans « la brutale invective de du Plessis que les divagations vagues d'une haine en délire ».

(1) Je me tiens uniquement sur le terrain de l'histoire; je n'ai donc pas à traiter les questions de doctrine que soulève la bulle *Unam Sanctam*. Je me permets de renvoyer le lecteur au savant ouvrage de M. l'abbé Gosselin, *le Pouvoir des Papes au moyen âge*. La bulle *Unam Sanctam* rappelait les principes du droit public admis par tout le monde à cette époque.

(2) M. Henri Martin.

Vingt-cinq évêques assistaient à cette scène ; pas un n'osa élever la voix en faveur du Souverain Pontife.

Le roi, qui avait agréé la requête de du Plessis comme il avait fait celle de Nogaret, expédia des agents dans toutes les provinces pour obtenir des adhésions à ses projets contre le Pape. La corruption et la terreur provoquèrent de lamentables défections : les dominicains de Montpellier, qui résistèrent, furent chassés du royaume.

La haine de Philippe le Bel n'était pas assouvie. Guillaume de Nogaret se rend en Italie avec ordre de s'emparer du Pape ; aidé d'un ennemi mortel de Boniface VIII, Sciarra Colonne, il entre avec trois cents cavaliers dans la ville d'Agnani où se trouvait le Pontife. Un auteur protestant (1) dit que les conjurés avaient certainement l'intention de massacrer Boniface VIII. Le palais fut assailli ; le Souverain Pontife, après s'être prosterné devant l'autel, s'assit sur son trône et, revêtu de ses ornements pontificaux, attendit les sicaires. Colonne et Nogaret le sommèrent de résigner la papauté : « Voilà ma tête, répon-

____

(1) Sismondi.

dit le vieillard; trahi comme Jésus-Christ, s'il me faut mourir comme lui, du moins je mourrai pape. » Il mourut quelques jours après, à l'âge de quatre-vingt-six ans (11 octobre 1303).

Il eut pour successeur le saint Pape Benoît XI, dont le règne ne dura que huit mois et dix-sept jours. Après un conclave qui se prolongea pendant neuf mois, Bertrand de Got, archevêque de Bordeaux, fut élu, prit le nom de Clément V et fixa sa résidence à Avignon; ses successeurs y demeurèrent jusqu'en 1375.

Le séjour des Papes à Avignon est un des faits les plus considérables de l'histoire de l'Église.

Quelle fut la part de Philippe le Bel dans la détermination de Clément V? A-t-il pesé sur l'esprit du Pape pour le décider à abandonner Rome, et Clément a-t-il été assez faible pour se laisser convaincre? C'est un problème difficile à résoudre; on ne peut émettre que des conjectures, assez plausibles toutefois (1).

Les premiers actes du nouveau Pontife sont

---

(1) Bossuet affirme que Philippe le Bel *obligea* le Pape de rester en France (*Histoire de France*, 1. VI).

au moins étranges. Un historien, dont le zèle
pour l'honneur de l'Église et des Papes est
incontestable, l'abbé Rohrbacher, s'exprime
ainsi sur le compte de Clément V :

« Jusque-là, nous avons vu monter sur le
siège de saint Pierre des hommes de tous les
pays et de toutes les nations : des Syriens,
des Grecs, des Thraces, des Italiens, des Alle-
mands, des Lorrains, des Français, des Anglais, des Espagnols ; mais, en montant sur
le trône du pasteur universel, ils oubliaient
qu'ils étaient d'un pays particulier ; ils appa-
raissaient là comme ce roi de Salem, comme
Melchisédec, sans père, sans mère, sans
généalogie ; avec la seule qualité de pontife
du Très Haut ; dès lors, leur famille, c'était le
peuple romain ; leur diocèse, c'était le monde
entier : ils prenaient leurs conseillers parmi
toutes les nations chrétiennes. Clément V
commence une série de pontifes un peu différents ; ce qu'on remarque le plus dans ses
premiers actes, ce qu'on y remarque même
uniquement, c'est qu'il est Gascon, sujet du
roi de France et du roi d'Angleterre, comme
tous les cardinaux qu'il vient de nommer. La
plupart des Français qui lui succéderont n'auront pas les vues plus grandes ; de là naîtra

un schisme déplorable, et après le schisme, une répugnance traditionnelle chez les électeurs du Pontificat suprême à élire un Pape qui ne soit né en Italie. »

Quelques mois après son élection, le 1er février 1306, Clément V, pour plaire à Philippe le Bel, révoqua la bulle de Boniface VIII, *Clericis laïcos*. Dans une entrevue qu'ils eurent à Poitiers, Philippe demanda à Clément d'effacer le nom de Boniface VIII du catalogue des Papes et de faire brûler son cadavre. Les exigences du roi devenaient excessives; aussi Clément V lui fit observer qu'on ne pouvait déclarer Boniface VIII faux pape sans, par le fait même, dégrader les cardinaux qu'il avait créés et par lesquels, lui Clément, avait été élu. Philippe se rendit à cette raison péremptoire et, pour mieux l'adoucir encore, le Pape fit une bulle dans laquelle il lui pardonnait de nouveau ses excès contre Boniface VIII en étendant le pardon sur Nogaret et ses complices. Philippe étant toujours à court d'argent, le Pape lui accorda les décimes pour cinq ans afin de couvrir les frais de la guerre de Flandre. Clément V était donc disposé à accorder à Philippe le Bel toutes les satisfactions compatibles avec sa charge de Souverain

Pontife. Il semble même que son esprit de conciliation l'entraîna un peu loin.

Le roi voulait à tout prix que Boniface VIII fût convaincu d'hérésie; il obtint que Clément V, par une bulle du 13 septembre 1310, consentît à discuter l'affaire et à écouter les accusateurs du Pape défunt. La bulle porte, il est vrai, que « toute la suite des emplois de Boniface le justifie de cette imputation », mais le seul fait d'accepter un pareil débat, n'est-il pas une preuve de la déférence exagérée de Clément à l'égard de Philippe? D'autant plus que, parmi les accusateurs admis à déposer, il cite, entre autres, ce Guillaume du Plessis qui avait chargé Boniface VIII de crimes énormes.

Les accusateurs, au nombre desquels étaient Nogaret et du Plessis, se rendirent à Avignon. La discussion traîna en longueur, mais le scandale fut grand en Espagne, en Italie et en Allemagne. Le roi finit par se désister pour le moment; il s'en remit au Pape et au concile qui devait se tenir à Vienne (1). Le Pape publia alors une bulle fort glorieuse

(1) Le concile de Vienne déclara que Boniface VIII avait été catholique et vrai Pape.

pour le roi et ordonna qu'on effaçât, des registres du Saint-Siège, tout ce qui pouvait être désagréable à Philippe le Bel.

Quel était donc le secret de la condescendance exagérée de Clément V à l'égard du roi de France?

Le long conclave qui suivit la mort de Benoît XI était divisé en deux factions : l'une penchait pour un candidat italien, l'autre voulait un pape français. Le cardinal Nicolas de Prato, évêque d'Ostie, partisan d'un pape français, proposa trois archevêques de France parmi lesquels la faction opposée choisirait son candidat. Il gagna son parti à la candidature de l'archevêque de Bordeaux et expédia, en toute hâte, un courrier annoncer la nouvelle à Philippe le Bel. Le roi manda immédiatement Bertrand de Got et lui assigna pour rendez-vous une abbaye dans la forêt de Saint-Jean-d'Angély.

Dans cette entrevue, Philippe le Bel aurait dit à l'archevêque : « Il ne tient qu'à moi de vous faire pape : vous le serez si vous me promettez de m'accorder ce que je vous demanderai. » Les demandes du roi étaient : 1° sa réconciliation avec l'Église; 2° la levée de l'excommunication lancée contre lui et

ses partisans; 3° les décimes durant cinq ans
pour les dépenses de la guerre de Flandre;
4° l'abolition de la mémoire de Boniface VIII;
5° le rétablissement des cardinaux Colonne.
Le roi se réserva de révéler ultérieurement
sa sixième demande (1) : on a supposé qu'elle
visait la destruction des Templiers.

Ce récit de Villani, adopté par un très grand
nombre d'historiens, par saint Antonin, en
particulier, a été nié par d'autres qui avouent
toutefois l'influence prépondérante de Philippe
le Bel sur l'élection de Clément V. Quoi qu'il
en soit de l'entrevue et du pacte de Saint-
Jean-d'Angély, on peut affirmer, avec le con-
tinuateur de Baronius, que l'obséquiosité de
Bertrand de Got à l'égard du roi de France
laisse soupçonner entre eux une entente préa-
lable (2). Philippe le Bel n'était pas homme
à s'occuper si activement de l'élection pontificale s'il ne devait en retirer que quelques
avantages spirituels et la satisfaction de ses
rancunes à l'égard de Boniface VIII. Un in-

(1) Voir *Histoire de l'Église gallicane*, par les Pères Longue-
val, Fontenay, Brunoy et Berthier, de la Compagnie de Jésus,
t. XVI.

(2) Certe turpis alicujus fœderis inter Clementem et regem
initi, suspicionem injicit illud effusum postea in Philippum stu-
dium. *Annales*, t. XXIII.

térêt plus positif et, à son point de vue, infiniment supérieur, était de tenir la Papauté sous sa dépendance, afin de n'avoir plus à redouter les conflits qui avaient augmenté les embarras déjà si grands de son gouvernement. Le moyen le plus simple pour atteindre ce but était de retenir le Pape en France. N'est-il donc pas permis de supposer que Philippe le Bel dut insister pour que Clément V se fixât à Avignon? C'est une conjecture, il est vrai, mais elle est plausible.

Le séjour des Papes à Avignon fut néfaste pour l'Église. La Papauté perdit quelque chose de cette universalité qui est un de ses caractères les plus sacrés : « En cet exil volontaire des rives du Rhône, les Pontifes étaient sous la main de nos rois; les hautes tours de Villeneuve, possession française, projetaient une ombre trop protectrice sur le palais pontifical. Devenus pour ainsi dire les grands aumôniers ou, si l'on veut, les chapelains de la cour de Paris, ils étaient naturellement amenés à s'inféoder à la politique royale et à prendre parti dans ces querelles éternelles qui mettaient aux prises la France avec les pays voisins, avec l'Angleterre en particulier (1). » Le séjour à Avignon prépara le grand schisme, la tempête la plus violente qui ait jamais, au cours des siècles, assailli la barque de saint Pierre. Tant il est vrai que l'indépendance absolue des Papes est nécessaire à l'unité de l'Église.

En admettant que Philippe le Bel n'ait pas influé sur la résolution de Clément V, il est certain qu'il a inoculé à l'Église de France un venin de schisme qui a singulièrement affaibli, pendant des siècles, notre attachement au centre de l'unité catholique. Les parlements héritèrent, sinon de la haine, du moins des préventions de Nogaret et de Guillaume du Plessis : trop souvent nos évêques, terrifiés et fascinés par le pouvoir royal, rappelèrent l'exemple des vingt-cinq prélats qui, à l'assemblée de 1303, se montrèrent pusillanimes en face de Philippe le Bel. Les coups que les Gouvernements portent à l'Église sont d'autant plus dangereux que leur pouvoir est plus fort.

Les dernières années du règne de Philippe le Bel furent assombries par les tragédies sanglantes dont la famille même du roi fut

_____

(1) L. Salembier, *le Grand Schisme d'Occident.*

le théâtre. Ses brus furent accusées de déportements scandaleux ; l'une fut étranglée dans sa prison, l'autre mourut de désespoir ; la troisième fut reprise par son mari : leurs complices furent écorchés vifs en place de Grève.

La haine fermentait contre ce Gouvernement faux monnayeur : les impôts arbitraires et excessifs excitaient des murmures et les murmures amenaient des supplices. Les nobles et les gens des communes exaspérés se liguèrent pour mettre un terme aux « tailles, subventions, exactions non dues, changement de monnaies, etc., par quoi les nobles et les *communes* ont été grevés et appauvris... » Philippe eut peur : il recula devant le soulèvement de ses sujets. Ce roi, qu'un historien (1) appelle un homme sinistre, mourut à quarante-six ans, le 29 novembre 1314.

Ses fils, Louis, Philippe et Charles, grands et beaux comme leur père, moururent jeunes : le peuple voyait, dans ces morts prématurées, la vengeance du ciel.

Sous le successeur immédiat de Philippe le Bel, on put voir à quel point la Papauté était

____

(1) M. Duruy.

sous la dépendance des rois de France. Clément V étant mort le 20 avril 1314, le jeune roi, Louis le Hutin, expédia son frère Philippe, comte de Poitiers, pour signifier aux cardinaux d'avoir à procéder à l'élection d'un Pontife. Philippe les enferma donc dans le couvent des dominicains de Lyon, les fit garder par des soldats sous les ordres du comte de Forez, et leur déclara qu'ils ne sortiraient pas avant d'avoir élu un Pape; quatorze jours après, Jean XXII était élu.

Quatre ans après l'avènement de Philippe VI, le Pape Jean XXII, comprenant que son devoir lui conseillait de quitter Avignon et de se rapprocher de Rome en attendant que les factions lui permissent de s'y établir, conçut le projet d'aller se fixer à Bologne. Un auteur ecclésiastique, nullement contraire au séjour d'Avignon, dit que « le roi tâcha de retenir le Pape en Provence, qu'il y réussit », et il ajoute : « Ce fut le système constant de la cour de France sous les Papes français résidant à Avignon, de mettre tout en œuvre pour les y retenir. Nos rois étaient bien aises de se conserver l'éclat que la majesté du Saint-Siège donnait à l'Église gallicane. Ils voyaient avec plaisir leurs sujets se succéder sur la chaire de Saint-Pierre, remplir le sacré

Collège et partager, en favoris, les dignités de l'Église (1). »

Le voisinage de la cour pontificale fit croire sans doute à Philippe VI qu'il était assez bon théologien pour présider un concile et juger une opinion théologique professée par Jean XXII avant son élévation sur la chaire de Saint-Pierre.

On disputait alors beaucoup en France sur l'état des âmes justes après la mort. Les uns disaient qu'elles jouissaient immédiatement de la vision béatifique ; les autres soutenaient qu'elles auraient ce bonheur, seulement après le jugement dernier. Jean XXII adopta, comme docteur particulier, cette dernière opinion, qu'il rétracta comme Pape. La définition était prête, le consistoire était convoqué, mais il mourut (14 décembre 1334) avant l'époque fixée pour la proclamation doctrinale.

En 1333, Gérard Eudes, général des frères Mineurs, et Arnauld de Saint-Michel, dominicain, pénitencier du Pape, vinrent à Paris. Gérard profita de son séjour dans la capitale pour répandre l'opinion du délai de la vision béatifique, et, comme il était dans les bonnes

____

(1) *Histoire de l'Église gallicane,* op. cit., t. XVII.

grâces du Pape, on supposa que Jean XXII l'avait envoyé pour propager cette doctrine. Grand tapage dans les écoles : on s'échauffait de part et d'autre, si bien que le bruit de ces querelles parvint jusqu'au roi. Il fit comparaître Gérard devant un Conseil composé de dix docteurs qui déclarèrent l'opinion fausse et hérétique. Le roi prit part à la discussion et parla, dit un historien, « en bon chrétien laïque, c'est-à-dire en homme qui n'était pas accoutumé à un langage précis sur les matières de la religion ». Une autre assemblée beaucoup plus nombreuse fut convoquée à Vincennes pour le premier dimanche de l'Avent 1333. Des princes, des évêques, des abbés, des docteurs, des magistrats s'y réunirent sous la présidence de Philippe VI. Le roi leur dit qu'ils avaient à préciser deux choses : 1° si les âmes des saints voient Dieu face à face avant la résurrection des corps ; 2° si la vision qu'ils ont présentement de l'essence divine fera place à une autre au jour du jugement.

L'assemblée prononça que les âmes jouissent de la vision béatifique avant la résurrection et que cette vision ne change pas après le jugement.

Dans le cours de ces discussions, le roi, d'après Villani, aurait dit au général des frères Mineurs que, s'il ne se rétractait pas, il le ferait brûler, et que, si le Pape soutenait aussi cette opinion, il le regarderait comme hérétique.

Selon Pierre d'Ailly, le roi, dans la lettre qu'il écrivit à Jean XXII pour lui rendre compte de cette affaire, lui dit qu'il eût à révoquer son sentiment touchant l'état des âmes justes ou qu'il le ferait ardre (brûler).

Sans doute, Philippe VI fit preuve d'un grand zèle pour la pureté de la foi; mais il aurait pu laisser ce soin au Pape et se contenter de l'administration de son royaume. Le désastre de Crécy, arrivé quelques années après les discussions de Vincennes, rappelle que, cent ans plus tard, les Grecs s'occupaient aussi de théologie, tandis que Mahomet II se préparait à faire tomber les murs de Constantinople.

En 1349, Clément VI publia un grand jubilé. Les fidèles devaient gagner les indulgences en visitant trois églises de Rome. Le Pape écrivit aux gouverneurs des villes, aux seigneurs et aux princes de faciliter les voyages des pèlerins. Depuis les fêtes de Noël jusqu'à Pâques l'affluence fut considérable; seuls, les Français ne purent pas profiter des grâces accordées par le Pape : le roi défendit à ses sujets de faire le voyage de Rome.

L'année précédente, l'horrible peste qui, au dire de Pétrarque, « laissait les maisons sans familles, les villes sans citoyens, et les campagnes incultes toutes couvertes de cadavres », fournit à Clément VI l'occasion de déployer son inépuisable charité. On accusa les juifs d'être la cause du fléau et on les massacra par milliers. Le Pape prit leur défense, publia deux bulles en leur faveur et leur offrit un asile dans ses États : « En ce temps, dit Froissart, furent généralement par tout le monde pris les juifs et ars (brûlés) et acquis leurs avoirs aux seigneurs, excepté en Avignon et en la terre de l'Église dessous les clefs du Pape. »

C'est sous le règne de Charles V qu'éclata le grand schisme d'Occident dont le séjour des Papes à Avignon avait été comme le lointain prélude.

Le Pape Urbain V, successeur d'Innocent VI, avait toujours à cœur le rétablissement du Saint-Siège à Rome. Il comprenait qu'Avignon, trop rapproché de la cour de France, nuisait au prestige de la Papauté. Mais les rois de France s'efforçaient de retenir le Pape sur les bords du Rhône : Charles V ne sut pas résister à la tentation d'avoir le Pontife auprès de lui.

Quand il apprit qu'Urbain V avait le projet d'abandonner Avignon, il lui dépêcha le docteur Orème pour le dissuader de quitter la France. La harangue du docteur ne fut pas très habile. Il commença par mettre sur les lèvres de Charles V les paroles que Jésus-Christ adressa à saint Pierre s'éloignant de Rome pour fuir la persécution : *Je vais à Rome pour y être encore crucifié.* Comme c'est précisément cette parole du Sauveur qui décida saint Pierre à rentrer dans Rome, on ne voit pas comment elle pouvait être un argument pour décider le Pape à rester à Avignon. L'orateur s'efforce ensuite de démontrer que la France est un pays plus saint que Rome, parce que, même avant le christianisme, elle avait des prêtres appelés Druides, parce qu'elle possède les plus insignes reliques et une Académie florissante...

Urbain V fut peu touché de ces raisons : malgré le roi, malgré les cardinaux français qui regrettaient leur pays, il partit et il arriva à Rome le 16 octobre 1368.

Malheureusement il n'y resta que deux ans : il rentra à Avignon le 24 septembre 1370 : le duc d'Anjou, frère du roi, s'empressa de venir le féliciter de son retour. Le Pape mourut deux mois après et eut pour successeur Grégoire XI.

Au mois d'octobre 1374, Grégoire XI annonça à tous les princes sa résolution d'aller à Rome. Charles V lui en témoigna son mécontentement et sa douleur (1) ; le Pape lui répondit : « Quoiqu'il nous soit dur de nous éloigner de vous et de cette contrée qui est notre patrie, cependant la bienséance, l'intérêt de l'Église romaine notre épouse, et le bien de tous les fidèles nous pressent de nous rendre le plus tôt que nous le pourrons dans cette sainte ville qui est le lieu de notre résidence légitime ; et après une mûre délibération, nous nous sommes déterminé à partir l'automne prochain. » Le roi ne se tint pas pour battu : il envoya le duc d'Anjou avec mission de renouveler ses instances auprès du Pape, mais les prières de sainte Catherine de Sienne furent plus efficaces que les supplications du frère du roi.

Grégoire XI mourut le 27 mars 1378 ; les

____

(1) « Iniquo ferebat animo Carolus Francorum rex, Gregorium à Galliis sedem Apostolicam traducere in Italiam. » RAYNALDUS.

cardinaux élurent Barthélemy Prignano, archevêque de Bari, qui prit le nom de Urbain VI. Pendant le conclave, les Romains criaient sur la place Saint-Pierre : *Romano lo Volemo;* mais les cris et les troubles qui agitèrent Rome n'empêchèrent pas que l'élection d'Urbain VI ne fût parfaitement régulière et canonique. Du reste, après l'élection, les cardinaux, pendant trois ou quatre mois, reconnurent Urbain VI comme leur pasteur légitime. Ils ne s'avisèrent de contester la validité de son élection que lorsqu'ils eurent fait l'expérience du caractère violent et des projets réformateurs du nouveau Pontife.

Depuis le séjour à Avignon, les rois de France considéraient la Papauté comme un fief; elle était le plus bel ornement de leur couronne: « Les mêmes rêves de pouvoir absolu, de monarchie universelle qui avaient séduit certains empereurs germains hantaient alors l'esprit des rois de France, et chez les uns comme chez les autres, chez leurs conseillers surtout, allumaient le désir d'asservir l'Église au pouvoir séculier. Philippe le Bel s'acharna contre Boniface VIII et, s'il n'amena pas, sur tous les points, le Saint-Siège à capi-

tulation, il lui infligea du moins une humilia-
tion amère (1). »

Le pieux et sage Charles V n'échappa pas à
la tentation ; il encouragea les cardinaux rebelles réfugiés à Fondi, il leur demanda
d'élire *persona sibi grata* (2) ; deux jours après,
Robert de Genève était élu sous le nom de
Clément VII (20 septembre 1378). Robert de
Genève ne fut pas ingrat ; il témoigna avec
effusion sa reconnaissance à Charles V et il
adopta, dans ses bulles, les fleurs de lis de
France.

Comme toutes les autres nations, la France
avait reconnu, dans Urbain VI, le successeur
légitime de Grégoire XI, lorsqu'une ordonnance de Charles V publiée, dans tous les diocèses, un mois après l'élection de Clément VII,
décida que Robert de Genève devait être regardé comme « souverain pasteur de l'Église
de Dieu ».

J'admets que Charles V se soit trompé de
bonne foi ; l'exemple de saint Vincent Ferrier
prouve que les âmes les plus sincères et les
plus dévouées à l'Église, pouvaient croire à la

---

(1) Noël Valois, *la France et le grand schisme d'Occident.*
(2) Déposition de l'évêque de Riéti, citée par M. Noël Valois.

légitimité du Pape d'Avignon; il n'en est pas pas moins vrai que l'ordonnance du 16 novembre 1378 constitue un empiétement très grave du pouvoir laïque sur le pouvoir religieux.

La question intéressait au plus haut point la conscience des fidèles. La France était dans l'obédience d'Urbain VI quand le roi décida que Clément VII devait être regardé par tous ses sujets comme le successeur légitime de saint Pierre. Il tranchait une question qui certainement n'était pas de son ressort.

Qu'on ne dise pas : les mœurs du temps l'y autorisaient; on admettait alors que le roi, protecteur-né de l'Église et évêque du dehors, avait le droit d'intervenir.

C'est en cela précisément que consistait le danger. Sous prétexte de protéger l'Église gallicane, nos rois se sont trop souvent immiscés dans des questions d'ordre purement spirituel: ils l'ont fait toujours au détriment de l'Église romaine, centre de l'unité catholique. Leurs sujets se sont habitués à recevoir, dans les choses spirituelles, le mot d'ordre de Paris, tandis qu'il doit venir de Rome et de Rome seulement; la liberté de la conscience catholique est à ce prix. Or cette liberté et l'attachement au siège de Rome ont été constamment ménacés par l'intervention abusive des rois.

Que deviendra l'Église gallicane sous le règne de rois moins pieux et moins sages que Charles V? Elle prendra, à l'égard du Pape, une attitude qui ressemblera à de l'hostilité; dans les démêlés entre le Pape et le roi, elle penchera du côté du roi, et la menace perpétuelle d'un schisme sera le résultat de cette situation anormale, créée par les empiétements du pouvoir laïque sur le pouvoir religieux.

Après la mort de Clément VII (16 septembre 1394), Charles VI envoya au sacré collège d'Avignon une ambassade chargée d'empêcher une nouvelle élection; mais le conclave était déjà réuni. Il nomma le cardinal Pierre de Lune, qui prit le nom de Benoît XIII. Le Gouvernement du roi fit les plus louables efforts pour éteindre l'incendie qui dévorait l'Église; toutes les tentatives devaient échouer contre l'obstination irréductible de Pierre de Lune. Il ne consentit jamais à abdiquer. Quand il fut certain que Benoît XIII ne céderait pas, on avait un moyen bien simple de faire cesser cette lamentable division de l'Église, c'était de se ranger à l'obédience du Pape de Rome qui était alors Boniface IX. On préféra rompre avec Benoît XIII. Le lien qui unissait la France avec un Pape douteux, sans doute, mais le seul reconnu dans notre pays, fut donc rompu. Charles VI convoqua à Paris un concile national qui se réunit le 22 mai 1398 et où se prépara la soustraction de l'obédience, consommée dans une autre assemblée, le 28 juillet. Au nom du roi, le chancelier intima à tous l'ordre d'obéir aux décisions qui venaient d'être prises.

Fidèle à la tradition de Philippe le Bel et de Philippe VI, le roi défendit à ses sujets, avec menace de peines corporelles, d'aller gagner à Rome les indulgences accordées par le Pape Boniface IX à l'occasion du jubilé de l'an 1400.

Voici comment l'historien le plus récent (1) du schisme d'Occident apprécie les faits que je viens de raconter : « Le souverain, qui ne devait être que l'évêque du dehors, devenait le pape du dedans; l'autorité séculière s'imposait aux consciences et prétendait les soustraire au pouvoir pontifical.

« Par un phénomène heureusement presque

____

(1) M. L. Salembier.

unique dans son histoire, notre pays allait donc briser volontairement tout rapport avec la suprême puissance religieuse. Il n'avait jamais reconnu le Pape de Rome; il allait répudier celui d'Avignon.

« Il nous faudra descendre dans nos annales jusqu'aux mauvais jours de la Révolution pour que la France revoie une crise semblable, et soit tout à la fois témoin et victime d'une situation aussi extraordinaire. Pendant cinq années (jusqu'à la restitution de l'obédience, 28 mai 1403), le pouvoir pontifical n'existera plus pour elle.

« Nous devons le constater et l'affirmer, le roi de France, ou plutôt ceux qui parlent en son nom, outrepassent évidemment leur pouvoir. Sans doute, le Pape d'Avignon est douteux en droit, mais, en fait, l'Église gallicane l'a, à plusieurs reprises, formellement reconnu. En brisant avec Benoît, la France fait un schisme dans un schisme, et sème les germes de ces divisions qui se formuleront à Constance en 1415 et à Paris en 1682. L'assemblée de 1398 inaugure une sorte de constitution civile du clergé et prélude à ces procédés despotiques que Napoléon allait plus tard reprendre à l'égard de Pie VII.

« Elle va même plus loin que l'empereur n'osera aller. Que dire de ce règlement émanant du concile de Paris de 1398? « Quant à « ceux qui auraient scrupule de conscience « d'obéir à la soustraction, il a été dit qu'ils « sont tenus de se conformer à la détermina- « tion du roy et de déposer leurs scrupules, « et, s'ils ne le voulaient faire, le roy y pour- « voirait et devrait y pourvoir. » Tout ce que l'on enlève au Pape, on l'accorde donc bénévolement à ce roi qui se nomme Charles VI, c'est-à-dire au prince le moins intelligent qui ait jamais régné sur notre pays. C'est lui qui exerce cette mainmise sur les consciences, qui devient le grand directeur des âmes et qui a la prétention d'indiquer au clergé luimême ce qu'il faut penser sur les points les plus graves. On lui octroie sans scrupule une infaillibilité laïque mais absolue. C'est le monarque ou plutôt c'est le grand chancelier de France qui, pendant cinq ans, se constituera l'arbitre de l'Église, voudra la diriger dans toutes ses voies et agira comme s'il était le vrai pape français. »

Le savant historien a parfaitement mis en relief la situation que le Gouvernement de Charles VI avait faite à l'Église de France.

Mais cette « mainmise sur les consciences » n'est pas seulement le fait de Charles VI, elle est la tendance de tous les princes qui lui succéderont. Gouverner l'Église sous prétexte de la protéger, usurper un rôle qui n'appartient qu'au Pape, s'immiscer dans les questions religieuses et prétendre à la direction des consciences, telle a été, pendant des siècles, la suprême ambition des princes et des pouvoirs séculiers, quels que soient leurs noms. Ils n'ont pas consenti à laisser à l'Église une chose si simple : la liberté (1).

Les tentatives que nous avons constatées sont des assauts violents sans doute, mais passagers ; nous allons assister maintenant à une prise d'armes régulière et durable dont le résultat sera de mettre les consciences sous le joug du pouvoir civil.

(1) Les cardinaux des deux obédiences se réunirent à Pise (25 mars 1409) où se trouvèrent aussi près de deux cents archevêques et évêques. Ils sommèrent les deux compétiteurs, Benoît XIII et Grégoire XII, de se démettre du souverain pontificat. Devant leur refus, ils élurent Alexandre V, auquel Jean XXIII succéda quelques mois après. Il y avait donc trois Papes. Cette situation déplorable dura jusqu'au Concile de Constance qui nomma un conclave composé de cinquante-trois membres, y compris les cardinaux. Martin V fut élu le 11 novembre 1417 : le grand schisme était fini.

La *pragmatique sanction de Bourges* (1), promulguée par Charles VII le 7 juillet 1438, est le premier anneau de la chaîne qui, jusqu'à la fin de la monarchie, va peser lourdement sur l'Église de France. Son influence a été considérable, car, même après son abrogation officielle par le concordat entre Léon X et François Ier, l'esprit qui l'avait inspirée lui a survécu.

Le Pape Pie II disait que, grâce à la pragmatique, « le Pontife romain, malgré la plénitude de juridiction attachée à sa dignité, n'avait plus de pouvoir en France qu'autant qu'il plaisait au Parlement de lui en laisser ».

La pragmatique fut l'application, à la France, des décrets du concile de Bâle : pour comprendre la gravité de l'empiétement commis par Charles VII, il est donc nécessaire de savoir ce que fut le concile de Bâle.

Quelques jours avant sa mort, le Pape Martin V avait convoqué un concile qui devait se réunir à Bâle le 3 mars 1431. Son successeur, Eugène IV, donna son adhésion à ce projet; mais, dès les premières sessions, le concile,

____

(1) « En droit canon, on appelle pragmatique sanction un code ou recueil d'ordonnances qui règlent l'administration religieuse d'un royaume. » Mgr ANDRÉ.

fort peu nombreux du reste, entra en lutte avec le Pape. Eugène IV voulut le dissoudre, mais les Pères de Bâle (ils étaient quatorze) se déclarèrent concile œcuménique représentant l'Église universelle, affirmèrent la supériorité du concile sur le Pape, et sommèrent Eugène de se joindre à eux. Pour prévenir une rupture, le Pape proposa la réunion d'un nouveau concile et la révocation des procédures du concile contre le Pape et du Pape contre le concile. Les prélats de Bâle, ils étaient alors au nombre de quarante-six, menacèrent le Pape de le déposer s'il s'opposait à leurs décrets (19 février 1433). Grâce à la condescendance du Souverain Pontife, il y eut une trêve et, durant dix sessions, de la quinzième à la vingt-cinquième, le concile s'occupa sérieusement des affaires de l'Église. Mais bientôt après l'esprit de révolte prit le dessus ; le concile déposa le Pape et créa un antipape, Amédée VIII, duc de Savoie, qui prit le nom de Félix V et se retira dans un de ses domaines nommé Ripaille.

Or la pragmatique sanction de Bourges est un écho du concile de Bâle ; cela suffit pour la rendre suspecte.

Voici le premier article : « Les conciles généraux seront célébrés tous les dix ans, et le Pape, de l'avis du concile finissant, doit désigner le lieu de l'autre concile, lequel ne pourra être changé que pour de grandes raisons et par le conseil des cardinaux. Quant à l'autorité du concile général, on renouvelle les décrets publiés à Constance, par lesquels il est dit que le concile général tient sa puissance immédiatement de Jésus-Christ ; que toute personne, même de dignité papale, y est soumise en ce qui regarde la foi, l'extirpation du schisme et la réformation de l'Église dans le chef et dans les membres ; et que tous y doivent obéir, même le Pape, qui est punissable s'il y contrevient. En conséquence, le concile de Bâle définit qu'il est légitimement assemblé dans le Saint-Esprit, et que personne, pas même le Pape, ne peut le dissoudre, le transférer ni le proroger, sans le consentement des Pères de ce concile. »

Les autres articles (1) sont consacrés à des questions de discipline ecclésiastique. Je n'ai pas à entrer ici dans une discussion théologique au sujet de ce premier article ; je me

(1) Le second article, en posant le principe de l'élection pour les dignités ecclésiastiques, enlevait au Pape toute influence sur l'un des points les plus importants de l'organisme de l'Église.

borne à faire remarquer qu'il est étrange de voir un roi imposer à ses peuples une doctrine exclusivement religieuse. Charles VII sortait de son rôle pour entrer dans le domaine de la conscience réservé au pouvoir spirituel.

Aussitôt après son sacre, Louis XI jura sur l'Évangile d'abolir la pragmatique. Il avait pour cela deux raisons : d'abord il était enchanté d'anéantir une œuvre de son père; mais surtout il y trouvait une excellente occasion de diminuer l'importance des grands seigneurs qui, grâce à la pragmatique, se rendaient facilement maîtres des principales dignités de l'Église. D'après l'ordonnance de Charles VII, en effet, les élections étaient remises aux chapitres et aux abbayes et la collation des bénéfices aux évêques ; or comment résister aux sollicitations d'un duc ou d'un comte, petit souverain sur les terres duquel se trouvaient les dispensateurs des dignités ecclésiastiques? En abolissant la pragmatique, au contraire, Louis XI traitait directement avec le Pape et annulait sur ce point, par le fait même, l'influence des seigneurs féodaux. Un tel résultat ne pouvait pas manquer de plaire à un roi comme Louis XI. Il écrivit donc au Pape une lettre fort dévote où il disait :

« Nous rétablissons les choses sur le pied où elles étaient avant cette ordonnance, et nous voulons que le bienheureux apôtre saint Pierre, qui nous a toujours assisté, et vous qui êtes son successeur, ayez dans ce royaume la même autorité, pour les provisions des bénéfices et pour toutes les matières ecclésiastiques, qu'ont eue vos prédécesseurs Martin V et Eugène IV. Nous vous la rendons, cette autorité ; vous pouvez désormais l'exercer tout entière... »

L'ordonnance de 1463 prouva à Pie II qu'il ne devait pas se fier aveuglément aux protestations si soumises de Louis XI. Le roi, en effet, déclarait que le Parlement connaîtrait de la régale, pourrait interjeter appel au concile général de toute bulle à ce contraire, et prendrait des mesures pour prévenir les inconvénients *qui résultaient de la collation des bénéfices depuis l'abolition de la pragmatique.* Plus encore que Pie II, Sixte IV put juger de la déférence du roi Louis à l'égard du Saint-Siège. Le monarque lui reprocha de négliger le décret du concile de Constance qui ordonne la convocation d'un concile général tous les dix ans et le menaça de convoquer lui-même un concile national en France. A cet effet, il intima l'ordre à tous les évêques du royaume de se retirer dans leurs diocèses pour être prêts au premier signal. Le concile fut, en effet, convoqué à Orléans et dura du 15 septembre au 19 octobre 1478. Louis XI envoya une députation chargée de dire au Pape que, s'il ne rassemblait pas un concile général, le roi de France et les autres princes chrétiens prendraient l'initiative d'une mesure si utile au bien de l'Église.

Je le demande à tout homme de bonne foi : n'est-ce pas là un attentat contre les droits de la conscience? Qu'importent les libéralités du roi de France en faveur du culte, s'il met la main sur l'Église au point de menacer le Pape de convoquer lui-même un concile général? Du reste, toutes les fois que Louis XI croyait avoir à se plaindre du Pape, il lui donnait à entendre qu'il allait rétablir la pragmatique et soustraire son royaume à l'obédience de l'Église romaine : la lettre du cardinal de Pavie à Sixte IV prouve que les intentions du roi étaient un danger réel pour l'unité de l'Église.

Les menaces de Louis XI furent mises à exécution par Louis XII. Ce prince entama des négociations avec l'empereur Maximilien pour la réunion d'un concile général malgré le Pape, et présida à Orléans d'abord, à Tours ensuite, une assemblée d'évêques et de députés de chapitres chargés de préparer les matières qui devaient se traiter au concile. Pendant ce temps, Jules II, à la tête de ses troupes, marchait contre le duc de Ferrare. C'était, en vérité, une singulière époque. Le roi de France discute avec des évêques et des canonistes, et le Pape commande une armée ! Le roi défendit à ses sujets tout rapport avec Rome et, de concert avec Maximilien, fixa la réunion du concile à Pise pour le 16 mai 1521. Presque tous les prélats de Pise étaient Français, car l'empereur, qui s'était ravisé, n'y envoya personne. L'un des principaux articles du règlement pour le *bon ordre* du concile était qu'il ne se réunirait pas au Pape.

Pendant que les évêques discutaient à Pise, Jules II assiégeait la Mirandole. C'est là qu'il faillit être pris par Bayard ; il ne s'en fallut que de la durée d'un *Pater noster*. Le brave chevalier fut inconsolable d'avoir manqué un si beau coup : « Bayard était un homme à respecter beaucoup un prisonnier de cette conséquence, dit un historien, à lui baiser humblement les pieds et à lui demander des pardons ; mais il n'aurait pas manqué de le conduire bien sûrement au maréchal de Chaumont, son général, et il était persuadé que cette aventure, en finissant tout d'un coup la guerre, aurait mis le comble à ses glorieux faits d'armes : aussi fut-il inconsolable d'avoir manqué un coup si singulier, si unique dans l'histoire (1). »

Les démêlés furent très vifs entre le roi de France et le Pape pendant tout le pontificat de Jules II. Louis XII, qui avait rétabli la pragmatique, s'obstinait à soutenir le conciliabule de Pise, transféré de Pise à Milan et de Milan à Lyon ; il confisqua le temporel de Robert de Guibé, cardinal de Nantes, qui avait refusé de se réunir aux prélats rebelles au Pape. Mais les malheurs de la guerre, l'issue pitoyable de la révolte commencée à Pise, les prières de la reine Anne le décidèrent à négocier sa réconciliation avec Léon X et le concile de Latran.

Le célèbre concordat entre Léon X et François Ier fut publié le 18 août 1516. La pragmatique était abolie sans retour ; mais le Pape, en se réservant l'institution canonique, ac-

_____

(1) *Histoire de l'Église gallicane*, t. XXI.

cordait au roi le droit de nommer les titulaires de tous les bénéfices du royaume : évêchés, abbayes, prieurés. A dater de cette époque, ce fut une curée immense : « Les abbayes les plus anciennes, les plus illustres dans les annales de la patrie et de l'Église, servirent d'apanage aux bâtards des rois ou à leurs plus indignes favoris, et quelquefois de prix aux honteuses faiblesse d'une maîtresse royale. Plus tard, dans le cours de nos discordes civiles, après la Ligue et la Fronde, elles furent l'objet d'un trafic aussi avoué que révoltant, et formaient l'appoint de tous les marchés dans les négociations du temps. Enfin, quand la monarchie eut triomphé de toute résistance, ces grandes et célèbres maisons tombèrent le plus souvent en proie à des ministres qui n'avaient d'ecclésiastique que la robe ; après avoir assouvi l'ambition de Richelieu et la cupidité de Mazarin, elles allaient grossir la cynique opulence de l'abbé Dubois et de l'abbé Terray... c'est le côté le plus sombre et le plus inexplicable de l'histoire de l'Église (1). » Les évêchés eurent le même sort que les abbayes, et l'on vit, très

____

(1) Montalembert, *les Moines d'Occident.*

souvent, le même prélat titulaire de plusieurs sièges. L'année qui suivit la signature du concordat, le cardinal Louis de Bourbon possédait l'archevêché de Sens, les évêchés de Laon, du Mans, de Luçon, de Tréguier, avec les abbayes de Saint-Corneille de Compiègne, de Ferrières, de Saint-Denis, de Saint-Faron de Meaux et d'autres encore. Le cardinal Jean de Lorraine était encore plus richement doté. Il avait, avec les évêchés de Toul et de Thérouane, les archevêchés de Narbonne, de Reims, de Lyon, les évêchés de Metz, de Verdun, de Valence, de Die, d'Albi, de Mâcon, de Nantes, de Luçon, d'Agen, les abbayes de Gorze, de Fécamp, de Cluny, de Saint-Ouen, de Saint-Mansuy et de Marmoutiers.

Tous ces prélats, gorgés des dépouilles de l'Église, étaient partout, excepté là où les appelait le devoir ; ils étaient surtout à la cour. Tandis que onze cardinaux, quarante archevêques ou évêques assistaient aux funérailles de François I*er*, *un seul* évêque français, Claude de la Guiche, évêque de Mirepoix, prenait part aux délibérations du concile de Trente.

A dater de cette époque, et malgré les décisions du saint concile, la non-résidence fut une des plaies les plus douloureuses de l'Église gallicane. Louis de Brézé, qui fut évêque de Meaux pendant vingt ans, n'y résida jamais ; quand, en 1607, Richelieu prit possession du siège de Luçon, aucun évêque n'y avait paru depuis soixante ans, et, lorsque Léonard de Trappes fit son entrée à Auch, il y avait près d'un siècle que le diocèse n'avait pas vu un archevêque.

Les évêques étaient à la cour dont l'atmosphère corrompue leur faisait perdre la notion de la dignité sacerdotale. Pendant tout le règne de Henri II, le cardinal de Lorraine, archevêque de Reims, le prélat le plus en vue de l'Église de France, dîna tous les jours chez Diane de Poitiers (1).

Le concile, transféré à Bologne en 1547, continuait ses travaux ; les évêques français y étaient un peu plus nombreux ; mais quand, en 1551, Jules III, qui avait désigné la ville de Trente pour la reprise du concile, pria Henri II d'envoyer ses évêques, le roi, *pour*

---

(1) Voir, dans l'ouvrage de M. le vicomte de Meaux, *les Luttes religieuses en France au seizième siècle*, le tableau de l'état lamentable de l'Église de France à cette époque. L'hérésie faisant de grands ravages dans le Languedoc, on résolut de tenir un concile provincial à Narbonne (1551). Pas un évêque de la province ne daigna y venir ; ils se firent tous représenter par leurs grands vicaires.

des raisons politiques, répondit par un décret qui intimait à tous les archevêques et évêques du royaume l'ordre de rentrer dans leurs diocèses et de se préparer à un concile national qui devait se tenir dans six mois.

Toujours le même système. On est le fils aîné de l'Église quand les intérêts de la politique sont d'accord avec ceux de la religion ; quand ils sont contraires, on change d'attitude, on agite le spectre du schisme, et, comme le roi catholique, « on montre les dents ».

Sous les derniers Valois, princes dissolus et méprisés, le royaume et l'Église s'affaissaient dans l'abîme quand la forte main de Henri IV les releva. Malgré quelques choix déplorables, le Béarnais eut à cœur de donner à l'Église de bons évêques, et, d'autre part, les heureux effets du concile de Trente se faisaient sentir. Un esprit nouveau animait le clergé, les pasteurs s'occupaient de leurs ouailles ; saint François de Sales, M. de Bérulle, saint Vincent de Paul, la réforme des ordres religieux étaient les heureux résultats des travaux du saint concile ; mais le despotisme de Louis XIV allait faire subir encore à l'Église de France une terrible épreuve.

Les conflits entre le Pape et le roi au sujet

de la régale et des quatre articles sont trop connus pour qu'il soit nécessaire d'insister ; je me contente donc de citer quelques faits caractéristiques qui montrent à quel degré d'abaissement le monarque avait fait descendre le clergé de son royaume (1).

Le Pape Alexandre VIII disait au cardinal de Bouillon « qu'il comptait pour tout ce qui viendrait du roi et pour fort peu de chose ce que feraient les évêques nommés ; qu'il connaissait assez bien le système de la France, et à quel point l'autorité du roi y était parvenue, pour savoir que les évêques n'y auraient d'autres sentiments et d'autre religion que celle du roi ; que si le roi voulait que les évêques de France fissent schisme avec le Saint-Siège, ils ne tarderaient guère à lui obéir ; que si, au contraire, l'intention du roi était qu'ils déclarassent le Pape infaillible, dans le droit et dans le fait, ces évêques donneraient sur cela telle déclaration qu'il leur demanderait ; que c'était l'idée qu'il avait de l'Église de France. »

Louis XIV s'était tellement emparé de ses

(1) Voir l'ouvrage de M. Charles Gérin, *Recherches historiques sur l'assemblée du clergé de France de 1682.*

sujets qu'il était le maître de leur conscience et que les évêques, comme tout le reste, devaient se prosterner devant lui. Le haut clergé du dix-septième siècle ne se contentait pas de prendre parti pour le roi contre le Pape. Les ressorts de la conscience publique étaient détendus au point que les évêques s'abaissaient jusqu'à flatter les faiblesses du maître.

L'abbé Anselme prêcha un jour le panégyrique de saint Bernard dans l'église des Feuillants ; vingt-six évêques assistèrent au sermon ; le prédicateur était précepteur du fils de Mme de Montespan. La favorite ayant fait donner à sa sœur l'abbaye de Fontevrault, plus de trente évêques étaient présents au sacre de la jeune abbesse dont la nomination violait les canons aussi bien que les convenances. Ils furent aussi empressés à venir à Chelles au sacre de Mlle de Fontanges, dont la sœur avait succédé à Mme de Montespan.

Mais, plus que tout autre, le fait que je vais raconter prouve éloquemment quel était l'affaissement des âmes et à quel point le roi pesait sur les consciences. Les jésuites eux-mêmes, ces champions intrépides des droits imprescriptibles de l'Église, les jésuites eux-mêmes passèrent sous le joug.

Après la guerre de Flandre, Louis XIV voulut que les maisons des jésuites, dans les pays nouvellement conquis, fussent réunies aux provinces qu'ils avaient en France. Il ne put l'obtenir. Le 8 octobre 1688, il ordonna aux Pères de son royaume de rompre tout rapport avec le général de la Compagnie, et les jésuites français qui habitaient Rome durent rentrer en France. Tous obéirent. Le Père de la Chaise et les principaux jésuites français se coalisèrent contre les supérieurs de la Compagnie et, en particulier, contre le Père Thyrsus Gonzalès, supérieur général.

Ils lui reprochèrent amèrement de ne pas faire droit à la demande très juste, disaient-ils, du roi leur maître, et de préparer un livre contre la déclaration de 1682. Ils l'avertissaient que, s'il persistait dans ses résolutions, il allait, non seulement perdre la Compagnie en France, mais encore attirer toutes sortes de malheurs sur l'Église universelle. Quant à eux, ils étaient décidés à prendre les mesures nécessaires pour sauver la Compagnie. Ils demandaient donc la nomination d'un vicaire général et ils annonçaient que, par ordre du roi, ils allaient se réunir pour délibérer sur ce qu'il y avait à faire. Ils se réunirent, en effet, à Paris, mais, n'osant nommer eux-mêmes le vicaire général, ils s'adressèrent au Souverain Pontife. Le Père de la Chaise ne cessait de harceler notre ambassadeur à Rome et, pour le décider à vaincre les résistances du Père général et du Pape, il lui dépeignait sous les couleurs les plus sombres les effets des menaces et de la colère du roi.

Le Pape communiqua la lettre des jésuites français au père Gonzalès, qui répliqua par une apologie dont la fermeté contraste avec l'attitude obséquieuse des jésuites de France.

Après avoir rappelé la cause du conflit, il disait que le livre qu'il se proposait de publier ne serait blessant pour personne, mais que, dans un temps où l'autorité du Pape était si violemment attaquée, il était bon que la Compagnie ne parût pas avoir dégénéré de l'esprit dans lequel elle avait été fondée. Sans cela, les malveillants pourraient dire que la mesure du zèle des jésuites est le profit qu'ils en retirent; qu'ils sont dévoués au Saint-Siège quand ils y trouvent leur avantage et que leur théologie est variable comme la faveur des princes...

Je n'ai pas besoin de dire que le Père Gonzalès repoussait énergiquement le projet de la nomination d'un vicaire général.

Après le conciliabule de Paris, l'un des meneurs, le Père Fontaine, écrivit à tous les provinciaux de l'ordre pour leur exposer ses griefs contre le Père général : « Il s'est conduit de telle sorte envers le roi très chrétien, disait-il, qu'il a failli perdre notre Compagnie et, en même temps, il publiait un livre sur l'autorité du Pape. A cette nouvelle, tous les hommes sages furent frappés de stupeur. Que devaient faire les jésuites français devant l'offense grave infligée au roi et la défense de communiquer avec le Père général ? Ils ont insisté aussi fortement que possible auprès du Père général pour qu'il donnât satisfaction au roi, et, sur son refus, j'ai dû, par ordre de Sa Majesté, prendre la direction de la Compagnie en France. J'ai donc écrit aux Pères assistants et au Père secrétaire (car il ne nous est pas permis d'écrire au Père général) pour les prier d'insister auprès de lui de pourvoir au gouvernement de la Compagnie par un délégué, puisque, en vertu de la

défense du roi, il ne peut pas la gouverner
lui-même. *En droit*, nous aurions pu nommer nous-mêmes le vicaire général, mais
nous avons choisi un autre moyen qui ne
manquera pas d'être agréable à toute la
Compagnie : nous avons eu recours à notre
père commun, le Souverain Pontife. »

Les jésuites pouvaient, de bonne foi, croire
que l'institution d'un vicaire général ne rom-
pait pas le lien qui les rattachait au supérieur
de leur ordre ; mais soutenir que, en droit et
sans être soupçonnés de tendances schisma-
tiques, ils étaient autorisés à le nommer
eux-mêmes et à lui conférer la juridiction,
c'est complètement inadmissible.

Voilà donc, dit le canoniste auquel j'em-
prunte ce récit (1), voilà donc quelle était, à
cette époque, les sentiments des jésuites
français sur l'obéissance due au roi, à leur
général, au Souverain Pontife.

On peut juger maintenant de la servilité de
l'épiscopat : « En concentrant dans ses mains
tous les pouvoirs, en subordonnant à sa
faveur personnelle toutes les nominations, le
roi, plus peut-être qu'il ne l'aurait voulu,

____

(1) Bouix, *Tractatus de Papâ*.

avait appelé dans le sanctuaire même les avides et les orgueilleux, par l'espérance de trouver, dans les biens de l'Église, le prix de leurs intrigues et de leur soumission (1). » Or la distribution des biens de l'Église était à la disposition de cet indigne Harlay de Champvallon, archevêque de Paris, dont Fénelon disait : « C'est un archevêque corrompu, scandaleux, incorrigible, faux, malicieux, qui, pendant plus de vingt ans, a joui de la confiance du roi en prostituant son honneur. » Ce n'était pas encore assez d'abaissement : le clergé de France était aux genoux de Mme de Lesdiguières, complice de ce triste archevêque.

Le Pape Alexandre VIII n'exagérait pas quand il exprimait, sur le clergé de France, l'opinion que j'ai citée plus haut : il était sous l'entière dépendance du roi et son attachement au Saint-Siège eût été problématique si le monarque eût voulu l'entraîner dans le schisme.

Les peuples ne respectaient plus ces prêtres si humbles devant le roi, si défiants à l'égard du Pape. Dans les dernières années du dix-septième siècle on applaudissait au

(1) Gaillardin, *Histoire du règne de Louis XIV*

théâtre une comédie qui couvrait de ridicule l'habit ecclésiastique, et bientôt on attaquera avec fureur la doctrine dont les prêtres sont les dépositaires. Et alors, tandis « qu'aucune voix puissante ne répond aux gémissements du Christ outragé », on verra « Sardanapale couché dans la chambre où avait dormi saint Louis », « des femmes enlevées aux dernières boues du monde joueront avec la couronne de France », « les descendants des croisés peupleront de leur adulation des antichambres déshonorées », jusqu'au jour où le vieux peuple franc, ému de tant d'ignominie, jettera par terre cette « société tombée dans l'apostasie de la vertu (1) ».

(1) P. Lacordaire, vingt-troisième conférence.

CHAPITRE VII

LÉ DROIT A LA VIE POLITIQUE ET LA TRADITION NATIONALE

Jusqu'à présent j'ai étudié les droits de l'homme, considéré au point de vue personnel et privé ; mais tout homme fait partie d'un ensemble qui s'appelle une nation. Une nation suppose nécessairement un chef, une administration, des lois, une force publique, des impôts et enfin tout ce qui constitue un Gouvernement. Or la question est de savoir si l'homme a le droit de s'occuper des affaires qui, par leur nature même, intéressent tout le monde et sont des affaires publiques ; ou bien s'il est obligé de s'en rapporter à un maître qui prendra sur lui toute la responsabilité du Gouvernement sans qu'il soit permis aux individus de donner leur avis, ni d'influer, d'une manière efficace, sur la direction des affaires.

Ainsi posée, la question ne soulève aucune difficulté. L'individu qui, dans ce cas, s'appelle le citoyen, a incontestablement le droit de s'occuper des affaires qui sont les siennes, puisqu'elles sont celles de tous, et je ne vois pas sur quelle raison on pourrait s'appuyer pour lui contester le droit à la vie publique.

Si le problème paraît douteux à quelques-uns, c'est parce que, trop souvent, on a vu des nations gouvernées par un maître qui excluait les sujets de toute participation aux affaires et que, dans un peuple, il y a toujours un certain nombre d'hommes dont l'indolence et l'égoïsme s'accommodent d'un régime qui les dispense d'agir et de se dévouer, et leur épargne les luttes fécondes mais orageuses de la vie politique.

Avant d'entrer dans la discussion du sujet, je me permets de faire remarquer que la vie publique occupe le premier rang parmi les diverses manifestations de l'activité humaine. Elle est, en effet, la vie de tout un peuple qui discute au grand jour et en pleine lumière les intérêts qui le préoccupent, les idées qui l'obsèdent, les émotions qui le soulèvent, les espérances qui l'animent et même les rêves qui le hantent. Cette agitation salutaire l'arrache

aux soucis de la vie personnelle ; le citoyen
ne vit pas seulement pour lui, il est heureux
de se dévouer à la chose publique et de se
mettre au service de tous. Une sève puissante circule dans les veines d'un peuple
doué de toutes les libertés que comporte la
vie nationale ; chaque citoyen a sa part
d'honneur et de responsabilité, et tous sont
intéressés à la prospérité de la chose commune. Les institutions libres favorisent l'éclo-
sion du talent le plus précieux qui ait été
accordé à l'homme, le don de la parole. C'est
un spectacle à la fois grandiose et réconfor-
tant que celui d'un homme d'État dont la
parole domine les passions tumultueuses
d'une assemblée ; qui gouverne par le seul
ascendant de son talent ; dont la pensée
plane au-dessus des compétitions des partis
et qui plaide avec éclat les affaires de son pays.

Au point de vue des principes et si on
considère l'éminente dignité de notre nature,
cette manière de gouverner les hommes est
de beaucoup la meilleure et la plus noble.
Qu'elle ait des inconvénients, comme tout ce
qui est humain, je suis loin de le nier ; mais
elle a l'immense avantage de respecter un
droit et de consacrer une liberté.

Le droit et la liberté sont méconnus quand un maître, en dehors d'un pacte spécial, dispose, sans le consulter, du sort de tout un peuple; quand il règle, sans contrôle, ce qu'il faut faire, ce qu'il faut payer, parfois même ce qu'il faut penser; quand sa volonté, pour ne pas dire son caprice, est la loi suprême; quand les biens, la vie même de ses sujets sont à sa merci; quand, en un mot, le maître est tout et que la nation n'est rien. Cette triste condition est si anormale, si contraire à la dignité humaine, qu'il est permis de se demander si un pareil régime a jamais existé. Et cependant c'est un fait; il y a eu des temps où les hommes ont été courbés sous ce joug.

La prospérité d'un État dépend, en grande partie, du concours empressé de tous les citoyens intéressés à sa grandeur et à sa gloire; mais le zèle se ralentit si un maître a absorbé toutes les forces vives d'une nation : « Il arrive souvent, dit saint Thomas, que des hommes vivant sous la domination d'un roi travaillent peu pour le bien commun, dans la persuasion où ils sont que tout ce qu'ils font pour l'intérêt général ne leur sera point attribué et ne tourne à l'honneur de celui à qui est remis le soin de cet intérêt. Mais lorsqu'on voit que le bien commun ne dépend pas d'un seul homme, chacun s'applique à le promouvoir, non pas comme si c'était le bien d'un autre, mais comme s'il était son propre bien. Aussi on a pu voir, par expérience, qu'une ville gouvernée par des chefs dont l'autorité n'est qu'annuelle est parfois plus puissante qu'un roi possesseur de trois ou quatre cités. De plus, de faibles charges, imposées par des rois, sont supportées beaucoup plus impatiemment que des charges plus lourdes imposées par la communauté des citoyens (1). »

La justesse de ces observations est évidente, car la nature humaine est ainsi faite que nous avons beaucoup plus de soin de ce qui nous touche personnellement que des intérêts d'un autre.

Deux mois à peine après la mort de Louis XIV, le chancelier d'Aguesseau déplorait, en ces termes, les ravages qu'avait faits au point de vue du dévouement au bien public, l'absolutisme du grand roi :

« Lien sacré de l'autorité des rois et de

____

(1) *De reg. princ.*, l. I, IV.

l'obéissance des peuples, l'amour de la patrie doit réunir tous leurs désirs. Mais cet amour presque naturel à l'homme, cette vertu que nous connaissons par sentiment, que nous louons par raison, que nous devrions suivre même par intérêt, jette-t-elle de profondes racines dans notre cœur ? Ne dirait-on pas que ce soit une plante étrangère dans les monarchies, qui ne croisse heureusement, et qui ne fasse goûter ses fruits que dans les républiques ? Là, chaque citoyen s'accoutume de bonne heure et presque en naissant à regarder la fortune de l'État comme sa fortune particulière. Cette égalité parfaite et cette espèce de fraternité civile, qui ne fait, de tous les citoyens, que comme une seule famille, les intéresse tous également aux biens et aux maux de leur patrie. Le sort d'un vaisseau dont chacun croit tenir le gouvernail ne saurait être indifférent. L'amour de la patrie devient une espèce d'amour-propre. On s'aime véritablement en aimant la république et l'on parvient enfin à l'aimer plus que soi-même... Serons-nous donc réduits à chercher l'amour de la patrie dans les États populaires, et peut-être dans les ruines de l'ancienne Rome ? Le salut de l'État est-il donc moins le salut de chaque citoyen dans les pays qui ne connaissent qu'un seul maître ? Faudra-t-il apprendre aux hommes à aimer une patrie qui leur donne ou qui leur conserve tout ce qu'ils aiment dans leurs autres biens ? Mais en serons-nous surpris ? Combien y en a-t-il qui vivent et qui meurent sans savoir même s'il y a une patrie !

« Déchargés du soin et privés de l'honneur du gouvernement, ils regardent la fortune de l'État comme un vaisseau qui flotte au gré de son maître et qui ne se conserve ou ne périt que pour lui. Si la navigation est heureuse, nous dormons sur la foi du pilote qui nous conduit. Si quelque orage imprévu nous réveille, il n'excite en nous que des vœux impuissants ou des plaintes téméraires... Quel étrange spectacle pour le zèle de l'homme public ! Un grand royaume et point de patrie ; un peuple nombreux et presque plus de citoyens (1). »

(1) *XIX° Mercuriale*. — La lutte héroïque des Boers contre les entreprises criminelles de l'Angleterre donne au monde attentif l'exemple de ce que peut un peuple dont tous les citoyens sont personnellement intéressés au salut et à l'indépendance de la patrie.

Le grand chancelier a sondé la profondeur du mal dont est menacé un pays qui commet l'imprudence de se livrer entre les mains d'un maître absolu. On se désintéresse de la chose publique, qui est devenue comme la propriété d'un seul ; l'égoïsme grandit dans la mesure où s'affaiblit l'amour des affaires communes.

Loin de moi la pensée de faire, du patriotisme, l'apanage exclusif d'une classe, d'un parti ou d'une forme politique spéciale ; la patrie appartient à tous et nul n'a le droit d'éloigner ses fidèles du pied de ses autels ; mais n'est-il pas permis de penser, avec le chancelier d'Aguesseau, que lorsqu'un peuple est dans l'impossibilité de s'occuper des affaires publiques, le bien général le touche moins et que l'intérêt privé l'absorbe tout entier? A la veille de la Révolution, Turgot signalait aussi le mal si éloquemment décrit par d'Aguesseau : « La nation, disait-il, est une société composée de différents ordres mal unis et d'un peuple dont les membres n'ont entre eux que très peu de liens, et où par conséquent personne n'est occupé que de son intérêt particulier. Nulle part il n'y a d'intérêt commun visible. »

L'établissement du pouvoir absolu fut une déviation du génie national. Pour se convaincre que le droit à la vie politique est notre plus ancienne tradition, il suffit de parcourir notre histoire en remontant jusqu'au mouvement communal.

Les souvenirs des municipalités romaines et, surtout, l'oppression féodale, furent les causes principales de l'établissement des communes. Les vassaux révoltés obtenaient, de vive force ou à prix d'argent, *une commune*, c'est-à-dire ce qu'on appellerait aujourd'hui une Constitution.

L'administration romaine avait laissé une grande latitude aux cités qui géraient elles-mêmes leurs affaires intérieures avec un sénat héréditaire, une curie ou assemblée de propriétaires et des officiers municipaux élus. Les gouverneurs de province n'intervenaient que pour le payement des tributs et la revision, sur appel, des sentences prononcées par les sénats municipaux. A cette administration municipale très libérale, Valentinien ajouta, en 365, un défenseur de la cité, sorte de tribun du peuple chargé de la protéger contre toute oppression. Le défenseur de la cité devait être élu en dehors de l'aristocratie municipale ; cette charge fut presque partout confiée aux évêques.

Ce régime municipal survécut à l'empire, principalement dans la Gaule méridionale dont les magistrats municipaux s'appelaient *consuls* ; il avait pénétré aussi dans le Nord, et les bourgeois de Metz se vantaient d'avoir usé de droits civiques avant qu'il existât un pays de Lorraine.

Peu à peu, ces municipalités disparurent dans l'anarchie universelle : la tyrannie féodale les fit renaître.

Un poète normand, Robert Wace, chanoine de Bayeux, mort en Angleterre vers 1184, s'est fait l'interprète des sentiments qui provoquèrent la résurrection des communes. Il fait dire aux vassaux : « Les seigneurs ne nous font que du mal, avec eux nous n'avons ni gain, ni profit de nos labeurs ; chaque jour est pour nous jour de souffrance, de peine et de fatigue ; chaque jour on nous prend nos bêtes pour les corvées et les services. Pourquoi nous laisser faire tout ce mal et ne pas sortir de peine ? Ne sommes-nous pas des hommes comme eux ? N'avons-nous pas la même taille, les mêmes membres, la même force pour souffrir ? Lions-nous ensemble par un serment, jurons de nous soutenir l'un l'autre, et, s'ils veulent nous faire la guerre, n'avons-nous pas, pour un chevalier, trente ou quarante paysans jeunes, dispos, et prêts à combattre? »

Ce fut vers le milieu du onzième siècle que commencèrent les insurrections pour l'établissement des communes. L'entreprise fut plus facile et plus complètement réalisée dans le midi que dans le nord de la France, mais partout les cités obtinrent le droit de s'administrer elles-mêmes par des magistrats élus. Quelques-unes achetèrent des chartes aux seigneurs pressés d'argent pour la croisade, d'autres conquirent leurs libertés de haute lutte.

« L'enthousiasme républicain des vieux temps se communiquait de proche en proche et produisait des révolutions partout où il se trouvait une population assez nombreuse pour oser entrer en lutte avec la puissance féodale. Les habitants des villes, que ce mouvement politique avait gagnés, se réunissaient dans la grande église ou sur la place du Marché, et là, ils prêtaient sur les choses saintes, le serment de se soutenir les uns les autres, de ne pas permettre que qui que ce fût fît tort à l'un d'entre eux ou le traitât désormais de *serf*. C'était ce serment ou cette conjuration, comme s'expriment les anciens documents, qui donnait naissance à la commune. Tous ceux qui s'étaient liés de cette manière prenaient, dès lors, le nom de *communiers* ou de *jurés*, et, pour eux, ces titres nouveaux comprenaient les idées de devoir, de fidélité et de dévouement réciproques, exprimés, dans l'antiquité, par le mot de citoyen (1). » Ce serment des communes ne rappelle-t-il pas celui qui, plusieurs siècles plus tard, devait être le *serment du Jeu de paume ?*

Les rois, Louis le Gros en particulier, favorisèrent ce mouvement dirigé contre leur ennemie naturelle, la féodalité, mais il serait faux de leur en attribuer l'initiative. Le préambule de la Charte constitutionnelle de 1814 dit : « Nous avons considéré que, bien que l'autorité tout entière résidât en France dans la personne du roi, nos prédécesseurs n'avaient point hésité à en modifier l'exercice, suivant la différence des temps; que c'est ainsi que les communes ont dû leur affran-

____

(1) Augustin Thierry.

chissement à Louis le Gros, la confirmation de l'extension de leurs droits à saint Louis et à Philippe le Bel. » L'erreur historique est complète ; les communes conquirent ou achetèrent leur indépendance, elle ne leur fut pas *octroyée*. A l'époque des communes, en effet, le pouvoir royal ne s'étendait que sur une très petite partie de la France actuelle : la Lorraine, une partie de la Bourgogne, la Franche-Comté, le Dauphiné étaient sous la suzeraineté de l'Allemagne ; la Provence, le Languedoc, la Guyenne, l'Auvergne, le Limousin et le Poitou étaient États libres ; la Bretagne était indépendante et la Normandie obéissait au roi d'Angleterre. Louis VI ne pouvait donc pas créer des communes dans ces contrées qui ne dépendaient pas de lui ; bien mieux, il n'en créa pas une seule dans les domaines relevant de sa couronne, mais il en favorisait l'établissement ailleurs que chez lui. Ses successeurs firent mieux : ils introduisirent la vie municipale dans les quelques cités de leur obédience, témoin les chartes de Louis le Jeune en faveur d'Orléans et de Lorris, petite ville du Gâtinais. Le mouvement était irrésistible, les chartes se multiplièrent jusqu'au jour où les communes

perdirent peu à peu leur vitalité et finirent
par se laisser absorber par le pouvoir royal.

La décadence des communes commence au
quatorzième siècle; quelques-unes, celles de
Laon, Cambrai, Beauvais, Reims, luttent
longtemps, mais elles s'affaiblissent, tandis
que la puissance du roi se fortifie. D'autres,
fatiguées de leurs agitations incessantes et
d'une liberté trop orageuse, abdiquent pour
ainsi dire elles-mêmes; mais la liberté com-
munale a donné naissance à une classe
d'hommes formés à la vie publique et dont
l'influence a été considérable dans les diverses
phases de notre vie nationale.. On les appellera *gens du commun, bourgeois du roi, habitants des bonnes villes;* au quinzième siècle
ils reçurent le nom de tiers état.

« Pour bien comprendre le tiers état
français et son importance dans notre histoire, dit M. Guizot, il ne suffit pas d'assister
à ses origines; il faut entrevoir sa grande
destinée et le but auquel il est enfin parvenu. Je devance donc les siècles, et j'in-
dique, dès à présent, ce que le cours des
événements, du quatorzième au dix-neuvième
siècle, mettra en pleine lumière. »

Ce but auquel le tiers état est parvenu,

nous le connaissons ; il est sous nos yeux. Après avoir triomphé de la féodalité et de la royauté, il est devenu la démocratie moderne, c'est-à-dire la seule force debout aujourd'hui sur les ruines du passé : « Municipes restaurés, villes de consulat, villes de communes, villes de simple bourgeoisie, une foule de petits États plus ou moins complets, d'asiles ouverts à la vie de travail sous la liberté politique ou la seule liberté civile, tels furent les fondements que posa le douzième siècle pour un ordre de choses qui, se développant jusqu'à nous, est devenu la société moderne (1). »

Dans un jour de détresse nationale, après la bataille de Poitiers, l'excès du malheur donna aux gens des communes une audace telle qu'ils s'emparèrent du pouvoir et eurent un moment la prépondérance, qui ne devait être définitive que cinq siècles plus tard.

Déjà, l'année précédente, en 1355, les États généraux, sous l'influence du tiers, avaient consommé une véritable révolution. Pour remédier à la pitoyable administration du roi Jean, ils avaient décidé qu'à eux

(1) Augustin Thierry.

seuls appartenaieut le vote et la perception
de l'impôt et ils se réservaient de surveiller
l'emploi des finances. Ils s'étaient ajournés
eux-mêmes à époque fixe sans convocation
royale. Après le désastre, la colère grandit.
Les députés s'assemblèrent au nombre de
plus de huit cents, dont la moitié appartenait
à la bourgeoisie. Ils nommèrent un Comité
de quatre-vingts membres et ils signifièrent
leurs résolutions : les États sont souverains
en matières de finances; mise en accusation
des conseillers du roi; destitution en masse
des officiers de justice; création d'un Conseil
de réformes pris dans les trois ordres; droit
de se réunir à volonté; défense de conclure
aucune trêve sans leur assentiment.

Les réformes n'aboutirent pas. Les États
gouvernaient au nom du régent, Charles, duc
de Normandie, plus tard le sage Charles V;
mais la noblesse, humiliée de l'importance
des bourgeois, se retira, le clergé en fit autant
peu après; les députés des bonnes villes, de-
meurés seuls chargés des affaires du royaume,
s'unirent à la députation de Paris que do-
mina Étienne Marcel.

Il est impossible de justifier le célèbre
prévôt des violences auxquelles il se laissa

entraîner pour le triomphe de ses idées ; cependant on ne doit pas oublier qu'on était alors dans l'une des plus tristes périodes de la guerre de Cent Ans, en pleine jacquerie, et qu'à cette époque, on ne se montrait pas très difficile sur le choix des moyens.

Il est faux qu'Étienne Marcel ait voulu livrer Paris aux Anglais. Ce qui a donné lieu à cette accusation, c'est que le peuple de Paris, dans sa juste haine contre les ennemis, avait désigné sous le nom d'*Anglais* tous les pillards, fort nombreux alors ; de même qu'on appelait *jacques* tous les paysans révoltés. Or Charles le Mauvais, assez triste personnage, du reste, auquel Étienne Marcel voulait ouvrir les portes de la ville, avait à sa solde bon nombre de ces faux Anglais qui ravageaient les environs de la capitale. Et la preuve que ces soudards n'étaient pas sujets d'Édouard III, c'est que, au nombre de cinq ou six cents, ils « s'esbattaient » dans la ville, dépensant joyeusement le fruit de leurs rapines. S'ils eussent été de vrais Anglais, le peuple n'aurait pas souffert leur présence ; il ne les châtia que lorsque les exploits de ces bandits eurent lassé sa patience.

Les projets d'Étienne Marcel, secondé par

Robert Lecoq, évêque de Laon, étaient l'organisation démocratique du royaume. Il voulait le gouvernement du pays par le pays et il crut assurer le succès de son entreprise en transportant la couronne à une branche cadette, représentée par Charles le Mauvais, au détriment de Jean le Bon, prisonnier du roi d'Angleterre : il essaya en 1358 une révolution de 1830.

Le hardi prévôt des marchands fut assassiné par Jean Maillard au moment où il allait exécuter son plan, et, le surlendemain de sa mort, le Dauphin entrait à Paris. Un bourgeois s'avança vers lui et lui dit : « Pardieu ! Sire, si j'en fusse cru, vous n'y fussiez entré ; mais on y fera peu pour vous. » Le comte de Tancarville levait son épée sur le manant, mais le régent se contenta de répondre : « On ne vous en croira mie, beau sire. » Charles le Sage montrait déjà cette possession de lui-même et ce calme qui devaient l'aider à reconquérir son royaume.

Ce qu'il y avait de bon et de légitime dans l'œuvre d'Étienne Marcel, c'est-à-dire le droit de la nation d'intervenir dans les affaires publiques, ne périt pas avec lui ; nous retrouverons son esprit vivant encore après plus

d'un siècle, en 1484, et plus loin encore :
« A partir du roi Jean, dit M. Guizot, les
États généraux devinrent l'un des principes
du droit national : principe qui ne disparut
point quand même il restait sans application
et dont le prestige survivait même à ses
revers. La foi et l'espérance tiennent une
grande place dans la vie des peuples, comme
dans celle des individus; nés vraiment en
1355, les États généraux de la France se sont
retrouvés vivants en 1789. »

Au plus fort de la guerre civile des Armagnacs et des Bourguignons, la population
de Paris rentra sur la scène de la vie politique. Le duc de Bourgogne, Jean sans Peur,
pour mieux dominer l'État pendant la maladie
de Charles VI, se fit le défenseur des intérêts
populaires ; il rendit à la ville ses franchises
et ses privilèges supprimés depuis vingt-sept
ans. Les élections municipales donnèrent le
pouvoir aux gens de métiers, surtout aux
bouchers, dont le chef, Simon Caboche, est
resté tristement célèbre. L'Université s'unit
aux gens de corporations pour réclamer des
réformes, et quelques-uns de ses membres
se mirent à l'œuvre pour élaborer le projet
des revendications populaires. Tandis qu'ils

se livraient à ce travail, l'entourage de la reine Isabeau de Bavière ourdit un complot contre les réformateurs. Le peuple prit les armes, assiégea la Bastille et ne s'éloigna qu'après une capitulation. Les émeutes se succédaient presque sans interruption, les bouchers terrorisaient la ville pendant que les habiles du parti rédigeaient le document qui a reçu le nom d'*ordonnance cabochienne*. Le lendemain de l'une des journées les plus agitées (24 mai 1413), les cabochiens, introduits en présence du roi et de son Conseil, demandèrent la promulgation de l'ordonnance qu'ils avaient rédigée (1).

C'était un code complet d'administration : élection des magistrats, des lieutenants, des prévôts, des baillis et des sénéchaux; nomination de la prévôté de Paris par le Parlement; permission aux paysans de s'armer contre les pillards; garanties contre l'oppression, l'injustice et les abus de la force... L'ordonnance comprend deux cent cinquante-huit articles.

La rédiger était bien; la soutenir eût été mieux. Or, après la promulgation de cette

____

(1) Voir Coville.

ordonnance dont l'application eût été un grand progrès, les modérés du parti se retirèrent de la lutte et laissèrent le champ libre aux violents dont les excès provoquèrent une réaction : trois mois après, l'ordonnance était supprimée. Le religieux de Saint-Denis nous a laissé, de ces pusillanimes, un portrait qui hélas ! est de tous les temps : « Il y avait des gens du Conseil, dit-il, qui, au temps de la promulgation de ces ordonnances, les vantaient merveilleusement et les déclaraient dignes d'être insérées dans l'histoire pour servir de modèle et de loi au temps à venir. Je leur demandai pourquoi ils avaient si facilement consenti à leur abrogation, et ils me répondirent naïvement : « C'est notre cou-
« tume de vouloir ce que veulent les princes,
« et nous n'avons pas de meilleur moyen de
« demeurer sur nos pieds, parmi toutes les
« révolutions de cour, que d'être toujours du
« côté du plus fort. » Et le chroniqueur ajoute : « Coqs de clocher, qui tournent à tous les vents. »

Le sort de l'ordonnance cabochienne est une grande leçon. Trop souvent, dans notre histoire, nous voyons les hommes sages et d'opinions modérées déserter l'arène où se débattent les intérêts du pays. Soit lassitude après un léger effort, soit indifférence à l'égard de la chose publique, soit préoccupation égoïste de leur tranquillité personnelle, ils laissent vide une place que d'autres plus ardents, et souvent moins raisonnables, s'empressent d'occuper. Alors les réformes utiles, les progrès réguliers sont comme submergés dans un flot de passions déchaînées, et le pays effrayé abandonne une cause juste, mais compromise par la lâcheté des uns et les fureurs des autres. Si, en France, les hommes sages avaient toujours eu le courage civique qui ne craint pas d'affronter les orages de la vie publique, nous n'aurions pas à déplorer le spectacle des minorités audacieuses et turbulentes imposant leurs volontés à une majorité indolente et résignée.

Au milieu de toutes les agitations dont je viens de rappeler le souvenir, une grande idée se faisait jour. Le droit naturel et le sentiment chrétien réclamaient l'affranchissement de cette classe d'hommes qui étaient comme les frères puînés du tiers état, je veux parler des paysans. Les villages étaient collectivement affranchis en masse. Sans doute le sort des paysans varia selon la teneur des lettres d'affranchissement, mais tous ou presque tous jouirent, plus ou moins complètement, des bénéfices du régime muni-cipal. Nous verrons même qu'en 1484, les paysans furent admis à participer à la vie politique ; ils concoururent, en effet, à l'élection des députés.

En même temps, on reconnaissait à la nation le droit d'intervenir dans la rédaction des lois : « Au quinzième siècle, dit un savant historien (1), Charles VII, frappé de l'utilité de ces rédactions qui abrégeaient et simplifiaient les discussions des plaideurs, prit une mesure générale. Il ordonna (avril 1454) la rédaction officielle de toutes les coutumes » et l'ordonnance porte « que les coutumes et usages seront rédigés et mis en écrit, accordés par les coutumiers, praticiens et gens de chacun desdits pays de notre royaume ». Ces textes seront ensuite vus et visités par les gens du Conseil et du Parlement. Après quoi ils seront décrétés et confirmés par le roi.

Le duc de Bourgogne Philippe le Bon associa

______

(1) Paul Viollet, *Histoire des institutions politiques et administratives de la France.*

à cette œuvre « ses très chers et amis les gens des trois états du duché ». Il était admis, à cette époque, que la loi n'obligeait que si elle avait été votée par les représentants de la nation.

En 1510, sous Louis XII, la coutume de Paris fut rédigée par les mêmes moyens et dans le même esprit.

« A mesure que la date des rédactions se rapproche, dit encore M. Paul Viollet, l'historien s'aperçoit que des garanties sont données avec un soin plus jaloux aux trois ordres de chaque province qui se réunissent fort régulièrement pour la rédaction des coutumes. Il ne s'ensuit pas que les premiers rédacteurs aient prétendu agir d'autorité sur le droit existant, le refaire à leur guise. La seule mission qu'ils se soient la plupart du temps reconnue, qu'ils aient avouée, fut celle de constater le droit. Au seizième siècle, lors de la seconde rédaction des coutumes, il y avait une pensée officielle de révision et d'amélioration : ce qui rendait le rôle des États plus indispensable. On sait que les commissaires du roi s'efforçaient alors de faire triompher certaines réformes, et n'y réussirent pas toujours. Leur ambition d'ailleurs était très limitée. C'est un de leurs contemporains, un sage, qui a formulé cette théorie très juste de la rédaction des coutumes : « Le premier mouvement, la première naissance et vie de ce droit civil est en la volonté des États de provinces. Le roi, en autorisant et en confirmant ces coutumes, y attribue la vie extérieurement, qui est la manutention et exercice de ce droit. Les commissaires ordonnés par le roi pour présider ces assemblées d'états, les ont autorisées, en y inspirant la puissance de la loi. Mais, en effet, *c'est le peuple qui fait la loi.* »

Ainsi s'exprime Guy Coquille, à la fin du seizième siècle. Certains esprits cultivés étaient alors très imbus de ces idées antiques. Elles reçurent même, à la faveur des troubles politiques, une consécration inattendue. En 1588, le roi Henri III fut conduit à déclarer « qu'il n'entendait faire lois fondamentales en son royaume que par l'avis de ses États ». Singulière ironie de l'histoire ! C'est au lendemain de cette promesse solennelle que s'ouvre l'ère de l'absolutisme royal. Quand donc, à la fin de l'ancien régime, Louis XVI croyait pouvoir dire : « C'est légal *parce que je le veux* », la tradition nationale avait été faussée.

Louis XI était « naturellement ami des gens de moyen état et ennemi de tous grands qui pouvaient se passer de lui », dit Comines ; comme, plus tard, Saint-Simon devait dire que le règne de Louis XIV « ne fut qu'un long règne de la vile bourgeoisie ». Ce sont donc les rois les plus despotes qui ont le plus favorisé l'élévation des roturiers. Mais Louis XI, malgré ses instincts d'absolutisme, ne croyait pas pouvoir se passer du concours de la nation. Quand il fut question de donner la Normandie en apanage à son frère Charles, le roi convoqua les États généraux à Tours (avril 1458) et leur soumit la question en disant qu'il était « insuffisant pour rien faire en telle matière de sa propre tête ». Cette modestie suspecte est au moins un aveu du droit national. La réponse des États fut négative, et, quelque hâte qu'eût Louis XI de les voir se séparer, ils ne manquèrent pas l'occasion de faire au roi de sévères remontrances sur la pesanteur des impôts. Son conseiller Comines était persuadé, comme tous ses contemporains, « qu'il n'y a roi ou seigneur sur terre qui ait pouvoir, outre son domaine, de mettre un denier sur ses sujets, sans octroi et consentement de ceux qui le doivent payer, sinon par tyrannie et violence ».

J'arrive enfin aux États généraux tenus à Tours en 1484, sous la minorité de Charles VIII. Deux faits les signalent à l'attention de l'histoire.

C'est alors que, pour la première fois, les paysans furent appelés à prendre part aux élections. Les villages envoyèrent des délégués aux bailliages inférieurs où l'on choisissait ceux qui devaient aller, au chef-lieu du bailliage, élire les députés du tiers. Le paysan n'est donc plus la chose du seigneur, il est citoyen, membre de l'État.

Le second fait est la doctrine proclamée en face de l'assemblée. Elle peut se résumer ainsi : « La royauté est un office, non un héritage ; c'est le peuple souverain qui, dans l'origine, créa les rois ; l'État est la chose du peuple ; la souveraineté n'appartient pas aux princes, qui n'existent que par le peuple ; ceux qui tiennent le pouvoir par force ou de toute autre manière sans le consentement du peuple sont usurpateurs du bien d'autrui ; en cas de minorité ou d'incapacité du prince, la chose publique retourne au peuple, qui la reprend comme sienne ; le peuple, c'est l'universalité des habitants du royaume, les États généraux sont les dépositaires de la volonté commune ; un fait ne prend force de loi que par la sanction des États, rien n'est saint, ni solide sans leur aveu. » Ces doctrines ne furent pas présentées comme des nouveautés, l'orateur (1) eut soin de faire remarquer qu'il les avait puisées dans la tradition et que les anciens les lui avaient transmises. Quand nous les retrouverons trois siècles plus tard, il ne faudra pas nous étonner, car ce ne sera pas la première fois que nous les aurons entendues. 1789 n'a pas innové, il s'est souvenu.

Les États généraux tenus à Blois en 1576 et en 1588 sont l'écho affaibli des grandes paroles prononcées à Tours. Cependant les premiers déclarent que les lois du royaume ne peuvent être faites qu'en assemblées générales et que, pour les changer, il faut l'accord et le consentement des trois États. Les seconds rappellent que le pouvoir réside dans les États, dont le roi n'est que le président.

_____

(1) Philippe Pot, seigneur de la Roche. Voir dans Aug. Thierry ce résumé de son discours.

Bientôt les échos eux-mêmes se taisent et, après le mouvement démocratique de la Ligue, il se fait un grand silence. Pendant près de deux siècles, la nation n'entendit plus la voix de ses représentants : alors s'opéra la plus grande révolution de notre histoire. Les rois, maîtres absolus des propriétés et de la liberté de leurs sujets, ne tiennent plus leur pouvoir de la nation, ils en reçoivent l'investiture directe de Dieu lui-même ; ils s'élèvent si haut que leur peuple les entrevoit à peine. Versailles est un temple dont le roi est le dieu (1) ; la noblesse, qui n'a pas su devenir un pouvoir pondérateur, assiste craintive et recueillie à l'apothéose ; on se scandalise quand l'héritier du trône ose dire qu'un roi se doit à ses sujets ; les audacieux qui parlent encore des États généraux sont enfermés à la Bastille ; le changement est complet, la révolution est accomplie : on l'a appelée *l'ancien régime.*

Des idées généreuses, filles du christianisme, fermentaient dans cette société du

______

(1) Dans une gravure représentant le sacre de Louis XIV, on lit, en parlant de la sainte Ampoule : « Ici ce baume précieux est pour sacrer un demi-dieu. »

moyen âge dont j'ai raconté les violences et les malheurs. Oui, la vie était dure, très dure même, dans ce temps de mœurs féroces, de guerres et de pillages continuels; mais le christianisme y avait déposé un levain de fière indépendance qui faisait explosion quand la nation assemblée revendiquait ses droits. On y a substitué l'idée païenne d'un César qui absorbe tout et qui est devenu une idole : « Qui considérera, dit La Bruyère, que le visage du prince fait toute la félicité du courtisan, qu'il s'occupe et se remplit toute sa vie de le voir et d'en être vu, comprendra un peu comment voir Dieu fait toute la gloire et toute la félicité des saints. »

Un homme, qui ne se laissa pas éblouir, mesura la profondeur du gouffre dans lequel le *nouveau* régime entraînait la France. Fénelon écrivait, en 1710 : « On ne vit plus que par miracles et le Gouvernement est une vieille machine délabrée qui va encore de l'ancien branle qu'on lui a donné, et qui achèvera de se briser au premier choc. Je serais tenté de croire que notre plus grand mal est que personne ne voit le fond de notre état; que c'est même une espèce de résolution prise de ne vouloir pas le voir; qu'on n'oserait envisager le bout des forces auquel on touche ; que tout se réduit à fermer les yeux et à ouvrir la main pour prendre toujours, sans savoir si on trouvera de quoi prendre ; qu'il n'y a que le miracle d'aujourd'hui qui réponde de celui qui sera nécessaire demain ; et qu'on ne voudra voir le détail et le total de nos maux pour prendre un parti proportionné que quand il sera trop tard... Les peuples ne vivent plus en hommes, et il n'est plus permis de compter sur leur patience tant elle est mise à une épreuve outrée (1). »

Voici les remèdes que proposait Fénelon : retranchement de toutes les inutilités de la cour ; établissement, dans toutes les provinces, d'États particuliers composés des députés des trois États ; abolition de la gabelle, grosses fermes, capitation et dîme royale ; États généraux assemblés tous les trois ans ; élections libres sans nulle recommandation du roi ; durée des délibérations aussi longtemps que les États le jugeront nécessaire ; objet de leurs délibérations : justice, police, finances, guerres, agriculture, commerce, punition des seigneurs violents ; ne laisser

(1) Troisième mémoire pour la succession d'Espagne.

aucune terre inculte, suppression des capitaineries de chasse ; abolition des privilèges (1)...

On le voit, Fénelon voulait éviter le choc qui, selon son expression, devait briser la vieille machine délabrée ; il voulait galvaniser la monarchie en la mettant en contact avec la nation par la fréquence des États généraux auxquels on confierait le soin d'opérer des réformes urgentes. En 1710, il se demandait s'il n'était pas trop tard et si l'on pouvait compter encore sur la patience des peuples. Les peuples attendirent, mais leur patience, mise à une épreuve outrée, était à bout quand Louis-XVI, le 5 mai 1789, réalisa le vœu du grand évêque en convoquant enfin les États généraux : il était trop tard.

Comment donc le pouvoir absolu a-t-il pu s'établir chez un peuple qui, nous venons de le voir, avait des traditions si libérales ? Il y a là un problème historique facile à résoudre pour quiconque a suivi, à travers nos annales, les péripéties de notre vie nationale.

Le pouvoir des premiers Capétiens était fort précaire et, sauf le titre de suzerain, le

____

(1) *Plans de gouvernement.*

roi n'était qu'un grand seigneur féodal comme les autres, vivant sur ses domaines, n'interrompant ses loisirs que par de longues chasses dans les forêts, ou par la guerre à quelque baron du voisinage. Il faut attendre jusqu'à Philippe-Auguste pour avoir un véritable roi. Mais les grands vassaux n'oublièrent jamais les humbles commencements de la royauté capétienne, ils s'efforcèrent toujours de la faire rentrer dans les étroites limites de sa modeste origine. Au lieu de pondérer le pouvoir royal, l'aristocratie française voulut le morceler : de là la lutte entre le roi et les seigneurs. Tandis qu'en Angleterre la Charte de 1215 avait harmonisé ces deux grandes forces sociales, en France, c'était à qui l'emporterait du roi sur les vassaux ou des vassaux sur le roi.

Louis XI fit triompher définitivement la cause de la royauté, mais, bien des fois encore, la féodalité essaya de reconquérir le terrain perdu. Pendant les premières années du règne de Charles VIII, sa sœur aînée, Anne de Beaujeu, qu'on appela justement Madame la Grande, réprima, en digne fille de Louis XI, les entreprises des seigneurs. Le duc d'Orléans, qui fut plus tard Louis XII, eut le temps de méditer, pendant les trois ans qu'il resta enfermé dans la grosse tour de Bourges, sur les dangers de s'attaquer à un pouvoir désormais sans rival.

Trois causes principales favorisèrent le développement de la puissance royale.

Les vexations des seigneurs firent souhaiter au peuple l'anéantissement de la féodalité. Déjà, au douzième siècle, Pierre le Vénérable avait dit : « Personne n'ignore les traitements que les seigneurs laïques font subir à leurs serfs des deux sexes. Non contents du service qui leur est dû, ils revendiquent sans pitié les biens et les personnes, les personnes et les biens. Outre le cens accoutumé, trois ou quatre fois par an et aussi souvent que le veut leur caprice, ils s'emparent de leur avoir, les accablent de charges insupportables et sans nombre. Aussi voit-on ces malheureux déserter le sol qui les a vus naître et s'enfuir au loin. Mais, chose plus affreuse, on trafique de ces âmes que Jésus-Christ a rachetées de son sang et on les vend à prix d'argent. »

L'incertitude de leur sort, l'absence de protection légale firent naturellement désirer aux vilains et aux manants l'extension d'un pouvoir qui, en réprimant l'audace des seigneurs, se présentait comme une sauvegarde et un abri; aussi les vœux et les efforts du peuple secondèrent-ils la marche ascendante de la puissance royale.

L'organisation des États généraux était trop défectueuse pour opposer une digue efficace au pouvoir du roi. Les États généraux n'étaient pas périodiques; le plus souvent ils ne furent réunis que pour voter des subsides et, quand le déficit était comblé, les députés étaient priés de rentrer chez eux. Les réformes demandées, quelquefois avec hauteur, n'aboutirent jamais, sauf en 89. Peu à peu la nation se désintéressa de ces assemblées dont les travaux se réduisaient, en dernière analyse, à des demandes d'argent. Pendant cent soixante-quinze ans, de 1614 à 1789, la royauté ne les convoqua pas une seule fois, malgré les réclamations de quelques esprits prévoyants qui auguraient mal de ce long silence du peuple.

La juridiction mal définie des Parlements était, moins encore que l'action des États généraux, capable d'empêcher l'absorption de toutes les forces vives de la nation entre les mains du roi.

Les Parlements étaient, à l'origine, un pouvoir exclusivement judiciaire : les rois considéraient leur puissance politique comme une concession essentiellement révocable; de sorte que le droit d'enregistrement qui aurait été un droit de *veto*, et les remontrances, qui auraient pu être un droit de sérieuse opposition, n'étaient pas des garanties capables de faire contrepoids à la puissance royale. Rien ne s'opposait donc plus à l'établissement du pouvoir absolu que les rois ont exercé depuis François Ier jusqu'à Louis XVI.

Les États généraux de 1789 renouèrent donc la tradition nationale que Fénelon rappelait au petit-fils de Louis XIV quand il lui disait : « Vous savez qu'autrefois le roi ne prenait jamais rien sur les peuples par sa seule autorité : c'était le Parlement, c'est-à-dire l'assemblée de la nation, qui lui accordait les fonds nécessaires pour les besoins extraordinaires de l'État. Hors de ce cas, il vivait de son domaine. Qu'est-ce qui a changé cet ordre, sinon l'autorité absolue que les rois ont prise (1) ? »

Le savant historien de l'Église, l'abbé

____

(1) *Examen de conscience sur les devoirs de la royauté.*

Rohrbacher, a pu dire en toute vérité, à propos de la célèbre *Déclaration* : « Le principal article de cette Constitution, la souveraineté nationale, a paru à bien des Français une nouveauté révolutionnaire de 1789 ; cela prouve que ces Français ignorent les faits les plus importants de leur histoire (1). »

Il ne faut donc pas s'étonner si les Français du vingtième siècle, fidèles à l'esprit qui animait leurs pères, tiennent à garder des institutions où se retrouve le génie de la race et qui consacrent les droits de l'homme à la vie politique.

(1) *Histoire universelle de l'Église catholique*, liv. XC.

CHAPITRE VIII

LA SOCIÉTÉ NOUVELLE ET LA CRISE RELIGIEUSE

Si 1789 a été un retour vers la liberté primitive écrasée sous le poids de l'ancien régime; si, au point de vue politique, nos derniers États généraux ont réalisé les aspirations de leurs prédécesseurs et, en particulier, celles de l'assemblée de 1483, il a été, au point de vue social, un changement profond et désormais indestructible. Il importe donc de se rendre un compte bien exact de l'esprit de la société nouvelle, sortie de l'ébranlement qui a signalé les dernières années du dix-huitième siècle, comme ces fleuves qui jaillissent parfois des profondeurs du sol quand la terre a tremblé.

Or trois idées fondamentales sont la complète manifestation de cet esprit, qui inspire le monde nouveau :

L'égalité devant la loi ;
Là liberté de conscience ;
La liberté civile et politique.

L'égalité devant la loi est l'un des aspects les plus importants de la justice sociale et la conséquence logique de l'égalité devant Dieu. Quand l'Évangile proclama le dogme de la fraternité humaine, le monde était divisé en castes séparées par un abîme infranchissable. Les mariages entre plébéiens et patriciens étaient interdits par la loi, et lorsque le tribun Ganuléius proposa l'abrogation d'une loi aussi injurieuse pour le peuple, l'orgueil des patriciens se révolta : « Il n'y aura plus rien de pur, disaient-ils, on ne reconnaîtra plus ni soi ni les siens, ces mariages ne seront que des unions fortuites à la manière des brutes. » Voilà l'esprit païen, voilà les ténèbres épaisses qui couvraient le monde lorsque brilla comme une lumière étincelante la parole divine : Vous êtes tous des frères. Cette semence céleste devait germer et porter des fruits ; mais, pendant des siècles, elle fut arrêtée dans son essor par les ronces et les épines qui couvraient le champ du père de famille, c'est-à-dire par l'égoïsme et l'orgueil des privilégiés

et des heureux de ce monde. Vains efforts!
le levain faisait fermenter la masse, et la
masse se souleva en déduisant du principe la
conséquence qui en découle naturellement.

La liberté de conscience est « le droit de
diriger notre vie religieuse, indépendamment
de toute pression politique, sous la responsabilité de notre choix devant Dieu (1) ». L'É-
glise et l'État sont deux pouvoirs distincts,
souverains l'un et l'autre, chacun dans sa
sphère, et, par conséquent, indépendants l'un
de l'autre dans le domaine qui leur est assigné. L'État est souverain en ce qui regarde
le citoyen : à l'Église seule appartient la direction de la conscience. Quand donc l'État impose
une croyance, il usurpe une fonction qui ne
lui appartient pas et il méconnaît la nature
même de la foi qui est un acte libre. La force
ne fait que des hypocrites ou des apostats; la
persuasion et la liberté font les croyants. C'est
le Christ qui, en nous ordonnant de rendre
à César ce qui est à César et à Dieu ce qui
est à Dieu, a créé la liberté de la conscience.
Toute pression politique en matière religieuse

____

(1) Voir M. l'abbé Canet, *De la pacification intellectuelle par
la liberté*, ouvrage dédié à Léon XIII.

est donc contraire à la lettre et à l'esprit de l'Évangile.

La liberté civile et politique est une question qui ne soulève aucune difficulté, car elle est un droit que personne ne conteste.

En dehors de ces trois principes qui sont la base du droit public moderne, il y a encore un fait dont je dois signaler l'importance.

L'union intime entre la société religieuse et la société politique a été brisée. Il est permis de se demander si, en pratique, nous avons beaucoup à le regretter. L'union ne nous a-t-elle pas coûté trop cher? Les évêques de Philippe le Bel, de Louis XII, de Henri II et de Louis XIV n'auraient-ils pas eu un peu plus de légitime fierté si leurs chaînes dorées n'avaient pas été si lourdes? Qu'importe à un prêtre, dont l'unique souci est le salut des âmes, qu'importe la faveur des princes si, en retour de l'appui qu'ils lui donnent, ils lui demandent des complaisances funestes et si les caresses du pouvoir l'exposent à de dangereuses capitulations?

Quoi qu'il en soit, les principes que je viens de rappeler et le fait que je signale sont les traits caractéristiques de la société nouvelle issue de ce mouvement qu'on a appelé et qu'on appelle encore la Révolution.

Les mots n'ont que la signification qu'on leur donne. Quelques maladroits défenseurs de l'Église (1) se sont acharnés à appeler le mouvement dont je parle Révolution, en faisant, de ce mot, le synonyme d'anarchie, de guerre à Dieu, de destruction de tout ordre social et religieux. D'autre part, la société nouvelle ne consentira jamais à renier son origine ; elle ne renoncera jamais aux principes qui sont la base de l'édifice nouveau ; si donc la Révolution est ce qu'on dit, c'en est fait, nous n'avons qu'à nous enfermer dans nos temples et à nous consacrer exclusivement aux rares fidèles que n'a pas encore atteints l'esprit des temps modernes. Peu à peu, l'Église, reléguée parmi les souvenirs des choses qui ne sont plus, ne sera qu'une ruine ajoutée à toutes celles du passé. Nos contemporains n'abandonneront certainement pas les rivages où la tempête des dernières années du dix-huitième siècle les a poussés, ils sont les fils de la Révolution. Si nous restons toujours sur la rive

____

(1) En particulier, M. Crétineau-Joly, *l'Église romaine en face de la Révolution.* — De Maistre, *Considérations sur la France.*

opposée, notre voix n'arrivera pas jusqu'à eux, et qui donc alors leur parlera de Dieu ?

Au seizième siècle, le mot de Réforme servit de ralliement aux ennemis de l'Église qui lui enlevèrent alors la moitié de l'Europe. L'Église repoussa-t-elle avec horreur le mot et les choses bonnes qu'il signifiait, quand on l'interprétait autrement que ne le faisaient les protestants ? Bien au contraire, elle prit, pour son compte, la devise de ses adversaires et, par la réforme opérée au concile de Trente, elle « brisa le talisman redoutable de la magique parole avec laquelle l'hérésie avait fait illusion à tant de peuples (1) ».

Aujourd'hui, s'il ne nous est pas possible d'interpréter le mot Révolution dans un autre sens que celui dont je parlais tout à l'heure, elle enlèvera à l'Église ce que la Réforme lui a laissé.

A l'exemple de l'Église réunie au concile de Trente, emparons-nous donc de cette parole magique dont on fait une arme terrible; séparons l'ivraie du bon grain, ne maudissons pas, sans discussion et en bloc, toute l'œuvre de la Révolution.

____

(1) P. Ventura, *Oraison funèbre d'O'Connell.*

La question est, pour nous, de la plus haute importance. Il s'agit de savoir si notre mission est finie, si notre action sur les âmes est à jamais paralysée et inféconde, si les conflits entre la société religieuse et la société civile seront perpétuels et irrémédiables ; ou si, animés de l'esprit de celui qui laisse au bercail les quatre-vingt-dix-neuf brebis fidèles pour courir à la recherche de celle qui est perdue, nous pouvons adapter la parole antique aux nécessités des temps nouveaux.

Pour nous guider dans cet apostolat qui exige une grande prudence et une connaissance approfondie des besoins de notre temps, nous avons un maître qui nous a tracé la voie. Nul mieux que le Père Lacordaire ne s'est servi, comme d'un levier pour porter les âmes à Dieu, des idées qui sont le fond même de l'esprit moderne. Sa vie, idéalement belle et sainte, a été consacrée à réconcilier avec l'Église les générations issues de la crise qui a changé pour toujours la face de l'Europe.

Écoutons donc comment le Père Lacordaire a parlé de la Révolution.

Après avoir rappelé l'assaut que le protestantisme avait donné à l'Église, le Père Lacordaire se demande s'il ne s'est pas levé

depuis une grande puissance assise aujour-
d'hui sur les ruines du passé :

« Qu'il y ait de nos jours, dit-il, sous nos
yeux, dans notre cœur même, l'avènement
d'une nouvelle et grande puissance, il n'est
permis à personne d'en douter. Son nom est
sur toutes les lèvres, objet de terreur et de
haine pour les uns, d'admiration et de culte
pour les autres. Le Nil a vu ses soldats, le
Tage et le Borysthène ont entendu le bruit
de sa marche, et plus loin, son bras s'est
étendu des vallées des Andes aux plages im-
mobiles où Confucius croyait avoir enchaîné
pour toujours l'âme des générations. Le
monde est debout, et ceux-là mêmes qui sont
encore assis pressentent que le flot montera
jusqu'à eux et que, selon la prophétie d'un
des premiers orateurs de cette gigantesque
puissance, *la Révolution fera le tour du globe.*

« Je l'ai nommée ! »

Oui, le Père Lacordaire a eu la sincérité et
le courage d'appeler par son nom cette gigantesque puissance qui a mis le monde
debout.

Mais il ne suffit pas de la nommer, il faut
savoir ce qu'elle est. Le Père Lacordaire va
nous le dire :

« Est-ce un progrès dans le mal ou un retour vers le bien? Est-ce un passage douloureux du mal au bien?

« Pour l'entendre, il faut remarquer que la Révolution porte sur deux pôles bien distincts, le pôle négatif et le pôle affirmatif, le pôle de la destruction et le pôle de l'édification. Regarde-t-on le premier, tout est atroce. On ne voit que le renversement d'une société ancienne et illustre, la spoliation, la proscription, le meurtre, un roi honnête et généreux mourant sur l'échafaud, et par-dessus ces crimes, pour les représenter à jamais, la figure éternelle de Robespierre et de Danton. Mais est-ce là tout? La Révolution n'a-t-elle été que le délire d'une tempête dans une débauche de sang? S'il en était ainsi, nous n'en parlerions pas comme d'une puissance; elle eût passé, à la façon de Marius ou d'Attila, sans laisser parmi nous qu'une ombre tragique. Et cependant elle vit! Après avoir été la contemporaine de nos pères, elle est déjà la contemporaine de notre postérité. Sa main a tracé les limites qui divisent notre territoire; ses armées l'ont défendue contre l'Europe; ses lois régissent depuis soixante ans tous nos rapports sociaux. Elle abaisse et élève nos princes. Enfin, maudite ou adorée, elle inspire ceux-là mêmes qui se croient ses ennemis, et tout le monde soutient son trône, jusqu'à ceux qui veulent le renverser. Une telle puissance ne s'explique point par le crime, elle ne s'explique que par les idées. Si la Révolution n'eût été qu'un crime, elle eût expiré au pied de l'échafaud de Louis XVI. »

Quelles sont donc les idées que la Révolution a émises et qu'elle a propagées dans le monde?

D'après le Père Lacordaire, ces idées sont : « L'égalité civile par des lois ne conférant de privilège à personne; la liberté religieuse par le respect de tous les cultes qui ne sont pas immoraux; la liberté politique par des assemblées représentatives qui concourent à l'œuvre souveraine de la législation. »

L'égalité civile n'est pas cette « égalité absolue, chimère désavouée par la diversité des aptitudes et des mérites », elle est l'égalité devant la loi assurant à tous une justice impartiale.

La liberté religieuse est représentée « par le jeune Consul de l'an VIII qui se hâte de traiter avec le Souverain Pontife et de stipuler, dans un concordat, la réconciliation des temps nouveaux avec l'antique hiérarchie à qui Dieu a confié la garde des immuables vérités de la foi ».

La liberté politique est une résurrection de cette liberté que les barbares apportèrent de leurs forêts « et où le christianisme introduisit l'épiscopat comme une nouvelle puissance protectrice des droits de tous ».

Telles sont les idées de la Révolution que le Père Lacordaire appelle aussi *l'esprit moderne*. Il établit ensuite un parallèle ingénieux entre l'esprit moderne et notre génie national et, après avoir flétri la révocation de l'édit de Nantes, il ajoute ces belles paroles : « Tôt ou tard, la tolérance qui rejette le glaive sans désarmer la foi s'introduit au fond des cœurs. On se lasse de s'exterminer les uns les autres sans profit pour Dieu ni pour les hommes, et le jour arrive où le genre humain recueilli, la main sur ses blessures et l'esprit levé vers son Père, n'attend plus que de la charité le triomphe de la vérité (1). »

Cette attitude du Père Lacordaire est-elle

(1) Discours sur la loi de l'histoire.

une nouveauté dans l'Église ? A en croire les attaques dont le grand religieux fut l'objet, on pourrait le supposer; il n'en est rien. Le Père Lacordaire a suivi l'exemple des apologistes de tous les temps qui ont mis en pratique cette parole de saint Paul aux premiers chrétiens : « Je vous ai donné du lait parce que vous n'étiez pas encore capables de supporter une nourriture plus substantielle (1). »

Graduer la lumière d'après le regard de celui auquel on la dévoile pour le conduire peu à peu à une vérité plus complète; proportionner le fardeau aux forces de celui qui doit le porter; éviter de le heurter en lui proposant des thèses auxquelles il n'est pas préparé, comme par exemple, parler du mystère de la Trinité à quelqu'un qui ne croit pas en Dieu; prendre un point d'appui dans les idées généralement admises par les contemporains et s'en servir comme d'un levier pour porter les âmes à Dieu; être animé d'un grand esprit de tolérance et de charité à l'égard des personnes qu'on ne cherche pas à éblouir ou à accabler, mais au contraire à

(1) I Cor., III.

ramener à la foi, telle a été la méthode constante des apologistes.

Le savant auteur de l'*Histoire du dogme
catholique*, Mgr Ginoulhiac, dit, en effet, en
parlant de la méthode prudente des plus
anciens défenseurs de la foi : « Il n'eût pas
été sage d'introduire, sans ménagements, les
ennemis de la religion dans les profondeurs
de nos dogmes ; et il était bon peut-être, pour
les rendre plus plausibles, de les présenter
dans des termes conformes au langage philosophique du temps. On ne devra donc pas
être surpris si l'on rencontre, dans les ouvrages des premiers apologistes, ou des
expressions qui se ressentent du platonisme,
ou des comparaisons qui, si elles étaient
trop pressées, conduiraient à quelque erreur
ou à quelques contradictions. On ne le sera
pas non plus de voir ces écrivains, dans l'exposition de certains mystères, s'attacher ordinairement à les présenter par leur côté extérieur. Tout cela s'explique par le but qu'ils se
proposaient et par le désir bien légitime
qu'ils avaient de rendre le christianisme plus
acceptable à leurs adversaires. »

Traitant la même question, Bossuet dit
aussi que les Pères de la primitive Église,

pour attirer les païens au christianisme, ne jugeaient pas que ces âmes encore infirmes pussent soutenir tout le poids de la vérité catholique ; voilà pourquoi « ils les introduisaient dans un secret si profond avec un ménagement convenable à leur faiblesse (1) ».

L'exemple de ces sages ménagements, inspirés par le désir d'attirer les âmes et par la crainte de les éloigner en leur présentant une vérité à laquelle elles ne sont pas préparées, a été donné par un Pape dans une circonstance célèbre qu'il importe de rappeler (2).

L'hérésie des priscillianistes, née en Espagne, attaquait ouvertement le dogme de la Trinité et la divinité du Saint-Esprit. Sur l'ordre de saint Léon le Grand, les évêques d'Espagne se réunirent en concile à Tolède (447). Ils condamnèrent la nouvelle erreur et, pour affirmer leur foi, ils ajoutèrent au symbole de Constantinople le mot *Filioque* dont s'était servi saint Léon dans la lettre qu'il leur avait adressée. Ils définissaient donc que le Saint-Esprit procède du Père et

_____

(1) Premier avertissement aux protestants.

(2) Voir M⁰ʳ Gaume, *Traité du Saint-Esprit*, et l'*Histoire de l'Église gallicane*, sixième volume.

du *Fils*. Cette addition ne changeait pas le dogme, elle l'expliquait.

Depuis le concile de Tolède, les Églises d'Espagne et des Gaules récitèrent le symbole avec le *Filioque*.

Environ quatre siècles plus tard, des moines français, établis à Jérusalem, furent accusés d'hérésie parce qu'ils chantaient le symbole avec l'addition faite par le concile de Tolède. Ils se plaignirent à Léon III, en le priant de faire savoir à Charlemagne qu'ils étaient persécutés par les Grecs parce qu'ils chantaient le symbole tel qu'on le chantait dans leur pays. Un concile assemblé à Aix-la-Chapelle, en 809, confirma pleinement la décision de celui de Tolède et députa, auprès du Souverain Pontife, Berniaire, évêque de Worms, et saint Adalard, abbé de Corbie. Ils étaient chargés de justifier, auprès du Pape, les résolutions qui venaient d'être prises.

L'Église de Rome, comme celles d'Espagne et des Gaules, croyait que le Saint-Esprit procède du Père et du Fils, et cependant le pape Léon III n'approuva pas l'addition du *Filioque*, parce qu'il lui répugnait d'ajouter un mot au symbole, et aussi pour *ménager les Grecs*, qui n'avaient pas adopté les déci-

sions des Églises d'Occident. Pour donner
une preuve éclatante du soin qu'il mettait à
ne pas froisser les Églises d'Orient, il fit faire
deux grands écussons d'argent, il ordonna
d'y graver, en latin et en grec, le symbole de
Constantinople, sans l'addition du *Filioque*,
et il les plaça à droite et à gauche de la
confession de saint Pierre (1).

Dira-t-on que le Pape Léon III a tronqué
le dogme et rougi de sa foi parce que, pour
ne pas froisser les susceptibilités des Grecs,
il refusa d'admettre la proposition des envoyés de Charlemagne?

Quelle leçon pour ces apologistes plus zélés
que sages qui, sous prétexte que la foi est
une et que la vérité a le droit de s'affirmer
partout et toujours, l'annoncent sans aucun
ménagement, sans égard aux difficultés des
temps et aux dispositions des auditeurs; qui
appellent lâcheté la prudence qui, pour ramener les âmes à la vérité, évite de les
écraser sous un fardeau qu'elles ne peuvent
pas encore porter!

Certes tout n'est pas orthodoxe dans les

______

(1) L'Église de Rome ne consentit à l'addition du *Filioque*
qu'en 883, lorsque Photius eut rendu nécessaire l'affirmation
plus solennelle de la foi catholique.

livres de Platon et d'Aristote, et cependant saint Augustin et saint Thomas, loin d'anathématiser en bloc ces philosophes qui jouissaient d'une si grande autorité parmi leurs contemporains, s'en sont servis, au contraire, pour faire pénétrer la foi dans le camp ennemi.

A leur exemple, à l'exemple de tous les apologistes qui veulent propager la vérité et non la compromettre, le Père Lacordaire a démêlé, dans ce qu'on appelle l'esprit moderne, les idées capables de frayer le chemin à la vérité religieuse et, avec ce tact qui révèle un grand souci du bien des âmes, il a ménagé la manifestation de la lumière, parce qu'il voulait éclairer et non aveugler ceux qui venaient lui demander la foi.

Si le Père Lacordaire avait eu beaucoup d'imitateurs, si nous avions tous compris, aussi bien que lui, les nécessités des temps, bien des déboires auraient été épargnés à l'Église de France.

A quoi bon se le dissimuler ? Nous ne sommes pas populaires. Si notre impopularité ne retombait pas, au grand détriment des âmes, sur la doctrine dont nous sommes les apôtres, nous pourrions nous en consoler ; mais elle s'attache aussi au principe que nous représentons. Quelles en sont les causes ?

Il y a la cause générale commune à tous les temps et à tous les pays : elle nous a été prédite par le Christ quand il nous a chargés d'annoncer une doctrine qui humilie l'orgueil et mortifie la nature déchue ; mais il y a aussi une cause spéciale qui a soulevé contre nous des passions et des préjugés tenaces.

Le mal vient de loin : pour le décrire, il faudrait raconter l'histoire politico-religieuse d'un siècle. Je me borne aux phases les plus importantes.

Les rapports entre la société religieuse et la société civile sont le problème que se posent éternellement les penseurs et les hommes d'État. La Restauration avait cru le résoudre en mettant la puissance civile au service de la vérité religieuse. La religion catholique était la religion de l'État ; le roi, sa famille, les ministres, les fonctionnaires donnaient l'exemple de la piété ou du moins du respect pour les choses saintes. La loi avait aboli le divorce, faisait respecter le repos du dimanche, punissait de mort le sacrilège ; les communautés religieuses étaient encouragées et protégées ; les évêques avaient la haute main sur l'instruction primaire ; tous les collèges étaient dirigés par des prêtres ou par des laïques d'une foi éprouvée ; tout professeur soupçonné d'hostilité était soigneusement écarté. Les cérémonies du culte étaient entourées de toutes les pompes officielles.

« Il faut le dire, puisque cela est vrai : l'insuccès de tout cela fut énorme. On n'aboutit qu'à rendre la religion odieuse et impuissante à un point à peine croyable (1). »

Quelles étaient donc les causes de cet insuccès colossal ?

L'historien que je viens de citer en signale une dont les effets sont aussi vivants aujourd'hui qu'aux temps de Charles X :

« L'esprit public réagissait de partout contre cela. En dépit de toutes les épurations, toutes les écoles de l'État étaient impies. Sans doute, l'opposition aux Bourbons, les alarmes des intérêts nés de la Révolution, la peur d'un retour à l'ancien régime, le regret de l'Empire, le mirage des utopies républicaines, entraient pour beau-

---

(1) Foisset, *Vie du P. Lacordaire.*

26.

coup dans ce soulèvement des esprits :
c'étaient là autant de circonstances aggra-
vantes de la situation. Mais la situation eût
existé, indépendamment de ces circonstances,
car elle se fût produite sous Napoléon s'il eût
tenté, en faveur de la Religion, ce que la Restauration essaya de faire pour elle. Il n'était
donné, certes, à aucun pouvoir humain de
faire que le dix-huitième siècle et la Révolution fussent comme non avenus ; qu'ils
n'eussent point poussé dans les intérêts, dans
les mœurs, dans les opinions, des racines
profondes, inextirpables, promptes à produire
des rejets puissants qui se jouaient de
toutes les précautions contraires. »

Ce n'est pas en vain que l'on méconnaît, à
ce point, les changements profonds, indes-
tructibles qui modifient les idées, les aspirations, les mœurs d'une société : le clergé
de France devait en faire la longue et douloureuse expérience:

Il avait associé l'Église à la fortune des
Bourbons ; il supportait avec impatience les
limites imposées, par la Charte, à la préroga-
tive royale. Le roi étant pour lui, il lui semblait que toute restriction au pouvoir royal
était une diminution de son influence; la

Révolution pouvait être considérée comme un mauvais rêve dissipé ; il n'y avait aucune différence entre 1791 et 1814, 1789 n'existait pas (1).

Cette illusion a coûté cher à l'Église de France. Mais le clergé de la Restauration, heureux de la protection de ses rois, ne voyait pas l'abîme qu'il creusait entre lui et la société nouvelle. Il s'abandonnait à la douceur trompeuse que lui faisait goûter son influence prépondérante sur le Gouvernement ; il ne soupçonnait pas les colères qui agitaient, non seulement les libéraux, mais aussi tous ceux, et le nombre en était grand, qui déploraient la pression qu'il exerçait sur la politique du temps (2).

Rien n'était mieux fait pour aviver les haines que cette ingérence du clergé dans la politique, et, comme si cela n'eût pas suffi, on redoutait le retour offensif d'un régime abhorré.

Les évêques, groupés autour du roi et fiers de son appui, célébraient l'alliance du trône et de l'autel : ils étaient plus froids quand il

(1) Voir M. Foisset, *op. cit.*
(2) Voir Dareste, *Histoire de la Restauration.*

s'agissait du Pontife romain. Ils publièrent tous des mandements en l'honneur du sacre de Charles X; pas un ne parla du grand jubilé de cette même année 1825. Un seul alla à Rome, et encore eut-il soin de faire coïncider son pèlerinage avec un voyage en Suisse, dans la haute Italie et à Naples (1). On ne peut pas servir deux maîtres, dit l'Évangile (2).

C'était le temps où Lacordaire, découragé et prévoyant l'orage que préparaient ces imprudences fatales, songeait à s'exiler pour évangéliser un pays où l'Église, libre, était pure de toute compromission avec le pouvoir politique.

Nous portons encore la peine de cette erreur à jamais funeste. Les préjugés actuels contre nous datent de cette époque dont une génération à peine nous sépare. Nous sommes les fils de ceux qui furent les témoins de ces scènes où la Religion, croyant triompher, creusait le gouffre où elle faillit s'engloutir. Depuis lors, et malgré des progrès réels dus à la haute sagesse de Léon XIII, nous pas-

(1) *L'Ami du Clergé*, 14 novembre 1901.
(2) Matth., VI.

sons pour les complices de toutes les réactions.

La révolution de Juillet montra combien était fragile l'édifice sous lequel la Restauration avait voulu abriter l'Église. L'explosion des haines, longtemps comprimées, fut terrible.

Quelques catholiques clairvoyants comprirent alors que la liberté publique, consacrée par la Charte, était, pour la défense religieuse, une arme plus solide que le privilège et la faveur exclusive du pouvoir : c'est de cette pensée que naquit le journal *l'Avenir*. Le journal ne dura pas longtemps ; ses exagérations furent condamnées par l'encyclique *Mirari vos*, mais l'idée lui survécut et, jusqu'au coup d'État, les catholiques parlèrent, enfin, le langage des temps nouveaux.

L'attitude respectueuse de la République de 1848, si différente de celle des vainqueurs de 1830, fut la récompense de leur sagesse et de leurs efforts.

Sous le règne de Napoléon III, les catholiques se divisèrent. Les uns restèrent fidèles au programme de 1830, on les appela les catholiques libéraux ; les autres suivirent un autre chemin.

Avant de poursuivre mon récit, je dois expliquer le terme « catholique libéral » qui, pendant tant d'années, a été l'occasion de polémiques ardentes, bien calmées heureusement aujourd'hui.

Si, par catholique libéral, on entend un catholique qui accepte les dogmes qui lui plaisent et repousse ceux qui le gênent ; qui admet que toutes les religions se valent et, qu'en principe et en thèse, l'erreur et la vérité sont égales ; qui professe un souci médiocre des droits de l'Église et du respect qu'elle mérite ; qui, sous prétexte de conciliation, est disposé à transiger quand il s'agit de la foi ; oh ! je le reconnais, aucun catholique ne peut être libéral. Ce libéralisme est, en effet, une apostasie à peine déguisée.

Si, au contraire, on entend, par catholique libéral, un croyant qui unit, à l'intégrité absolue de sa foi, un sincère attachement aux libertés politiques ; le respect de l'opinion des adversaires pour lesquels il réclamera la même liberté que pour lui ; la conviction que la liberté pour tous est la meilleure garantie de la liberté de l'Église ; la sagesse dans l'exposition de la vérité religieuse qui lui inspirera, comme aux apologistes dont je parlais tout à l'heure, le tact et la mesure qui tiennent compte des circonstances et des nécessités du temps ; pourquoi, je le demande, un catholique ne serait-il pas libéral ?

S'il s'agissait de terrasser un ennemi, nous pourrions fondre sur lui avec une pesante armure et à grands coups d'épée ; mais nous voulons l'attirer à nous et le convaincre. Nous voulons communiquer la foi dont nous sommes les apôtres ; notre vie n'a pas d'autre but, nous ne l'atteindrons pas avec des cris de colère, des sarcasmes et des anathèmes. Le libéralisme dont je parle et dont le Père Lacordaire disait : « Je meurs en libéral impénitent », n'est au fond que le zèle éclairé par la prudence, le respect de l'homme, le besoin d'aimer les âmes plutôt que de les repousser par une attitude hautaine et menaçante.

Pendant les premières années du second Empire, une partie du clergé et beaucoup de catholiques ne se contentèrent pas d'accepter le Gouvernement établi. Leur organe le plus répandu et leur voix la plus retentissante ne cessèrent de vanter les bienfaits du pouvoir absolu et, ce qui était grave, c'est qu'on parlait au nom de l'Église. On allait même jusqu'à suspecter l'orthodoxie de ceux qui demeuraient fidèles au principe des libertés politiques. On enfermait ainsi l'Église dans l'enceinte du pouvoir absolu, et on rendait les catholiques incapables de réclamer, pour l'avenir, un Gouvernement libéral.

Or le maître du moment paraissait favorable aux catholiques; on autorisait donc nos adversaires à nous accuser de demander la liberté quand elle nous manque, mais de bien nous garder de la revendiquer pour les autres quand un maître nous en accorde le privilège. Nous donnions, à nos ennemis, une arme redoutable dont la pointe n'est pas émoussée, car aujourd'hui encore, quand nous réclamons les libertés de droit commun, on nous ferme la bouche avec cette apostrophe : « Vous n'êtes pas sincères; vous demandez la liberté pour tous parce que vous êtes les plus faibles; vous nous la refuseriez si vous étiez les plus forts. »

Il n'est pas, pour les défenseurs de l'Église, de situation plus critique.

Ce fut l'honneur des catholiques libéraux de repousser cette alliance entre l'Église et l'absolutisme. Ils savaient que le pouvoir absolu est, de sa nature même, ennemi de la liberté religieuse comme de toutes les autres.

Tandis que la presque unanimité du clergé acclamait le *nouveau Charlemagne*, le Père Lacordaire se souvenait que, huit ans après le Concordat, Napoléon emprisonnait le Pape qui l'avait sacré.

Il s'était toujours défié de la protection des Césars. Il écrivait, en 1847 : « Sans doute la Religion est universelle, elle peut vivre sous tous les régimes ; mais il y a un régime qui lui est tout naturel et où sa subsistance exige moins de miracles de la part de Dieu. Quand je jette les yeux sur l'histoire de ces dix-huit derniers siècles, je suis frappé d'une chose : c'est que partout où le despotisme civil a fermement prévalu, le christianisme véritable, c'est-à-dire catholique, s'est à peu près éteint. Le Bas-Empire a amené pour conclusion finale le schisme grec, tandis que l'Église occidentale, se fortifiant sous le régime très agité des peuplades barbares et de la féodalité, a maintenu son indépendance et sa vie. Avec la diminution des libertés publiques de l'Europe, commencée dès le quinzième siècle, une partie de l'Occident s'est détachée du Saint-Siège ; le reste a langui sous les étreintes du gallicanisme, puis du joséphisme et du césarisme. En Chine, au Japon, en Russie, dans

les États musulmans, c'est le despotisme con-
solidé qui arrête toute propagation de la foi
catholique, tandis qu'on la voit renaître en
Angleterre et s'étendre dans les États-Unis
d'Amérique. Que peut une force spirituelle là
où toute manifestation en est impossible?
Sans doute, elle peut produire des martyrs,
mais, outre que les martyrs sont une exception, un miracle réel, les martyrs ne meurent,
après tout, que pour conquérir la liberté de
la foi.

« On dira que la liberté de la foi peut
exister sans la liberté politique. Quelques
jours, peut-être. Mais longtemps? Y en a-t-il
des exemples? La servitude politique ronge
les âmes; elle les affaiblit jusque dans l'ordre
religieux; elle donne le vertige de l'idolâtrie
à Bossuet lui-même. Il se forme un épiscopat
lâche et adorateur du pouvoir, qui transmet au
reste du clergé une timidité mêlée d'ambition,
double poison d'où sort la bassesse et bientôt
l'apostasie (1). »

Montalembert poussait aussi le cri d'alarme.
Il disait : « De tous les despotismes, le plus
intolérable aux nations de nos jours est celui

(1) Lettre à Mme Swetchine.

qui s'exerce ou semble s'exercer avec le concours de la religion. Il révolte les meilleurs sentiments de notre âme, parce qu'on y sent l'exploitation d'une chose sainte au profit d'un intérêt profane. D'une part, il fomente au sein du sacerdoce les plus incurables infirmités de la nature humaine, l'orgueil et la mollesse ; de l'autre, il fournit aux éternels ennemis de la vérité le prétexte le plus commode et le plus fécond. Ils s'en prévalent avec un infaillible succès. L'Église perd graduellement l'empire des âmes ; elle commence par être dupe ; elle prend peu à peu des airs de complice ; elle finit toujours par être victime (1). »

La prophétie s'est réalisée.

Les catholiques auraient pu effacer, dans une certaine mesure, les fautes du passé, s'ils avaient accepté franchement le régime actuel : ils ne l'ont pas fait, et Léon XIII a été obligé de leur rappeler la doctrine traditionnelle de l'Église.

Si l'on recherche pourquoi les catholiques ont eu tant de peine à accepter la situation faite à l'Église par le nouvel ordre de choses,

(1) *Des intérêts catholiques au dix-neuvième siècle.*

on rencontre d'abord un phénomène d'ata-
visme.

Pendant des siècles, l'Église et l'État, en
France, ayant été étroitement unis, on en était
arrivé à croire que cette union intime et la
protection exclusive du pouvoir étaient bien
plus favorables à l'action de l'Église que les
libertés de droit commun. De plus, nos rois
étaient, généralement du moins, des hommes
sincèrement religieux. L'union du trône et de
l'autel était donc un de ces dogmes politico-
religieux auxquels il ne faut pas toucher. On
oubliait tout ce que le trône avait exigé de
l'autel pour prix de cette protection, et l'on
n'était pas insensible à l'éclat *humain* que pro-
jetait sur l'autel le rayonnement tutélaire du
trône. Le haut clergé était alors riche et puissant, son importance politique était grande
et, s'il faisait bon vivre sous la crosse, on
vivait encore bien mieux quand on la tenait.
Il faudrait peu connaître la nature humaine
pour ne pas comprendre que ce passé, plus
beau encore dans le souvenir que dans la réalité, n'ait pas laissé quelques regrets. Cependant, si l'on considère l'intérêt supérieur des
âmes et l'action surnaturelle de l'Église, on
ne regrette pas cette pompe officielle qui pro-

fitait plus aux individus qu'à la cause dont ils étaient les représentants.

La seconde cause qui a rendu difficile aux catholiques l'acceptation d'un régime de liberté de droit commun, c'est que nous n'avons pas encore en France, nous n'avons pas suffisamment du moins, le sens de la liberté. A droite comme à gauche, nous ne comprenons pas que la liberté pour tous est la meilleure garantie de notre propre liberté. Comme par instinct, nous nous appuyons sur le pouvoir pour restreindre la liberté des autres : c'est une tendance néfaste contre laquelle doivent réagir tous les bons citoyens, et les catholiques plus encore que tous les autres, car leurs libertés sont toujours les plus menacées.

Que les leçons de l'expérience ne soient pas perdues. Nous savons tout ce qu'il nous en a coûté d'avoir voulu, sous la Restauration et sous le second Empire, appuyer l'Église sur le pouvoir ; appuyons-la désormais sur la liberté.

Ne regrettons pas le passé. Nous avons pu, grâce aux leçons que l'histoire nous a données, apprécier la lourdeur du fardeau qui a pesé sur nos pères ; celui que nous portons aujourd'hui nous paraîtra plus léger.

27.

Vivons dans le présent. A une société qui a proclamé les droits de l'homme, réclamons nos droits et la part qui nous revient dans la liberté commune. Elle nous l'accordera d'autant plus large que, répudiant toute pensée de domination politique, nous ne demanderons à la liberté pour tous que la consécration de la liberté de l'Église.

Préparons l'avenir. Accepter le régime actuel est un *minimum* qui ne doit pas suffire à notre zèle et au désir de ramener à Dieu les masses qui s'en éloignent. Suivons le conseil d'un évêque qui a bien compris les nécessités et les tendances de notre temps :

« L'Église de France a loyalement accepté ce régime, qui est la forme la plus logique de la démocratie souveraine.

« J'irai plus loin.

« Nous n'en sommes plus à accepter une simple forme de Gouvernement : nous nous trouvons en face de la démocratie elle-même; et je dis hautement que les transformations démocratiques, toutes les fois qu'elles sont justes et nécessaires, sont favorisées par l'Église.

« La civilisation moderne est née au souffle de l'Évangile.

« Si ce souffle rénovateur n'avait secoué la terre, il n'y aurait pas de démocratie, et notre civilisation, pas plus que notre démocratie, ne porterait dans son sein les aspirations généreuses, l'idéal de justice, que nous travaillons à réaliser. C'est parce que notre société est fille du christianisme, qu'elle est provoquée, par instinct de race, à poursuivre l'extinction progressive de tous les vices sociaux.

« Nous ne serions pas les vrais disciples du Christ si, ne comprenant pas les véritables nécessités du temps et insensibles aux maux de nos frères, nous nous laissions effrayer par les réformes qui ont pour but l'amélioration du sort du plus grand nombre.

« L'Église a successivement aidé à toutes les évolutions nécessaires par lesquelles notre nation a passé. On peut affirmer, sans crainte d'être démenti, que l'obstacle à l'évolution irrésistible qui nous emporte aujourd'hui dans la démocratie ne viendra pas de son côté (1). »

(1) Mᵍʳ Fuzet, archevêque de Rouen, *les Conditions de la paix religieuse.*

Soyons donc les serviteurs dévoués de la démocratie ; n'aspirons pas à devenir ses maîtres, et, loin de vouloir arrêter le fleuve qui coule à pleins bords, laissons flotter sur ses eaux la barque qui porte les Apôtres.

TABLE

—

Avant-propos 1

CHAPITRE PREMIER

Les principes généraux du droit naturel 1

CHAPITRE II

Le droit à la vie; la guerre 23

CHAPITRE III

Le mépris du droit à la vie; les siècles féroces 49

CHAPITRE IV

Les conditions de la vie; la misère 87

CHAPITRE V

Le droit de propriété 147

CHAPITRE VI

Les droits de la conscience et les abus de la force.   171

CHAPITRE VII

Le droit à la vie politique et la tradition nationale.   249

CHAPITRE VIII

La société nouvelle et la crise religieuse.   287

7050. — L.-Imprimeries réunies, rue Saint-Benoit, 7, Paris.

ÉCONOMIE POLITIQUE & SOCIALE

PAUL BERT

La Morale des Jésuites..................................... 1 vol.
Leçons, Discours et Conférences........................... 1 vol.
Discours parlementaires.................................. 1 vol.

ERNEST CHARLES

Théories sociales et Politiciens......................... 1 vol.
Praticiens politiques (1870-1899)........................ 1 vol.

GEORGES CLEMENCEAU

La Mêlée sociale... 1 vol.

YVES GUYOT

La Comédie socialiste.................................... 1 vol.
L'Évolution politique et sociale de l'Espagne............ 1 vol.
Le Bilan social et politique de l'Église................. 1 vol.

ED. LABOULAYE

Le Parti libéral... 1 vol.
Liberté religieuse....................................... 1 vol.
Études morales... 1 vol.
Discours populaires...................................... 1 vol.
Questions constitutionnelles............................. 1 vol.

P. LANFREY

Études et Portraits politiques........................... 1 vol.

PAUL LEROY-BEAULIEU

La Question ouvrière au XIXe siècle...................... 1 vol.
Le Travail des femmes au XIXe siècle..................... 1 vol.

F.-L. MALEPEYRE

La Magistrature en France................................ 1 vol.

PAUL STRAUSS

L'Enfance malheureuse.................................... 1 vol.
Dépopulation et Puériculture............................. 1 vol.

E. SPULLER

Nouvelles Conférences populaires......................... 1 vol.

WALDECK-ROUSSEAU

Questions sociales....................................... 1 vol.
Associations et Congrégations............................ 1 vol.
La Défense Républicaine.................................. 1 vol.

J.-J. WEISS

Le Combat constitutionnel................................ 1 vol.